Kuchnia Indie
Smaki i Aromaty Subkontynentu

Karolina Nowak

Spis treści

Pieprz Mung Dal 17
    Składniki 17
    metoda 17

Wychodzi Buchara 18
    Składniki 18
    metoda 19

Methi Dahal 20
    Składniki 20
    Dla ziół: 21
    metoda 21

Malai Kofta 22
    Składniki 22
    Dla Kofty: 23
    metoda 23

Witaj Palaku 25
    Składniki 25
    metoda 26

Dum ma Karelę 27
    Składniki 27
    Do wypełnienia: 27
    Dla ziół: 28
    metoda 28

Curry Navratna 30

Składniki 30

Na mieszankę przypraw: 31

metoda 31

Kofty warzywne zmieszane z pomidorowym curry 33

Składniki 33

Dla koguta: 33

metoda 34

Muthias w białym sosie 36

Składniki 36

dla Muthii: 37

metoda 37

brązowe curry 38

Składniki 38

metoda 39

diamentowe curry 40

Składniki 40

dla diamentów: 40

metoda 41

gulasz warzywny 42

Składniki 42

metoda 43

Curry z grzybów i groszku 44

Składniki 44

metoda 45

Navratan Korma 46

Składniki 46

metoda 47

Sindhi Sai Bhaji* 48
    Składniki 48
    metoda 49
Burak Nawabi 50
    Składniki 50
    metoda 51
Baghara Baingana 52
    Składniki 52
    metoda 53
Kofta marchewkowa gotowana na parze 54
    Składniki 54
    Dla Kofty: 54
    Na makaron: 55
    metoda 56
Dingri Shabnam 57
    Składniki 57
    Do wypełnienia: 57
    Na sos: 57
    metoda 58
Grzyb Xacutti 60
    Składniki 60
    metoda 61
Paneer i kukurydziane curry 62
    Składniki 62
    metoda 63
Basanta Bahara 64
    Składniki 64

Na sos: 65

metoda 65

Palak Kofta 67

Składniki 67

Dla Kofty: 67

Na sos: 67

metoda 68

kofta z kapustą 70

Składniki 70

Dla Kofty: 70

Na sos: 70

metoda 71

Zebrane 72

Składniki 72

metoda 73

masala z masłem paneer 74

Składniki 74

Na sos: 74

metoda 75

Mor Colambu 77

Składniki 77

Na mieszankę przypraw: 77

metoda 78

Aloo Gobhi lub Methi ka Tuk 79

Składniki 79

metoda 80

ptak 81

- Składniki 81
  - metoda 82
- curry z maślanką 83
  - Składniki 83
  - metoda 84
- Curry Krem Kalafiorowy 85
  - Składniki 85
  - metoda 86
- Zastosowanie grochu 87
  - Składniki 87
  - metoda 88
- Witaj Posto 89
  - Składniki 89
  - metoda 89
- Palak Paneer 90
  - Składniki 90
  - metoda 91
- Zabij Paneera 92
  - Składniki 92
  - metoda 93
- Dahi Karela 94
  - Składniki 94
  - metoda 95
- Curry pomidorowe z warzywami 96
  - Składniki 96
  - metoda 96
- Doodhi z Chaną Dhal 97

- Składniki 97
- metoda 98

Pomidorowy Chi Bhaji* 99
- Składniki 99
- metoda 100

suszone ziemniaki 101
- Składniki 101
- metoda 101

Nadziewane okra 103
- Składniki 103
- metoda 103

Okra Massala 105
- Składniki 105
- metoda 105

Simla zabija 106
- Składniki 106
- metoda 107

fasolki 108
- Składniki 108
- metoda 108

Bęben Masala 109
- Składniki 109
- metoda 110

Pikantny suszony ziemniak 111
- Składniki 111
- metoda 112

Khatte Palak 113

Składniki 113

metoda 114

Mieszanka warzywna trzy w jednym 115

Składniki 115

metoda 115

Ziemniaki w śmietanie 116

Składniki 116

Na mieszankę przypraw: 116

metoda 116

Kele ki Bhaji 117

Składniki 117

metoda 118

koko kathal 119

Składniki 119

Dla ziół: 119

metoda 120

Pikantne plastry deserowe 121

Składniki 121

metoda 122

dżem masala 123

Składniki 123

metoda 123

Masala z buraków 125

Składniki 125

metoda 126

Masala z kiełków fasoli 127

Składniki 127

metoda 128
Mircha Masala 129
    Składniki 129
    metoda 130
pomidorowe kadhi 131
    Składniki 131
    metoda 132
warzywne kolhapuri 133
    Składniki 133
    metoda 134
Undhiyu 135
    Składniki 135
    dla Muthii: 136
    metoda 136
Bananowe Kofta Curry 137
    Składniki 137
    Dla koguta: 137
    metoda 138
Gorzka tykwa z cebulą 139
    Składniki 139
    metoda 140
Sukha Khatta Chana 141
    Składniki 141
    metoda 142
Bharwana Kareli 143
    Składniki 143
    Do wypełnienia: 143

metoda 144
Curry z kapustą Kofta 145
    Składniki 145
    Na sos: 145
    metoda 146
ananas goju 147
    Składniki 147
    Na mieszankę przypraw: 147
    metoda 148
goju gorzka tykwa 149
    Składniki 149
    metoda 150
Baingan Mirchi ma Salana 151
    Składniki 151
    metoda 152
kurczak z warzywami 153
    Składniki 153
    metoda 153
    Na marynatę: 154
Kurczak tikka masala 155
    Składniki 155
    metoda 156
Pikantny nadziewany kurczak w bogatym sosie 157
    Składniki 157
    metoda 158
pikantna masala z kurczaka 160
    Składniki 160

metoda	161
kaszmirowy kurczak	162
Składniki	162
metoda	163
Rum i kurczak	164
Składniki	164
metoda	165
Kurczak Shahjahani	166
Składniki	166
metoda	167
Wielkanocny kurczak	168
Składniki	168
metoda	169
Pikantna kaczka z ziemniakami	170
Składniki	170
metoda	171
kaczka moille	172
Składniki	172
metoda	173
Bharwa Murgh Kaju	174
Składniki	174
metoda	175
Sałatka Z Kurczakiem Z Jogurtem	177
Składniki	177
metoda	178
Kipa Dhansaka	180
Składniki	180

- metoda 181
- Kurczak Chatpata 183
  - Składniki 183
  - Na marynatę: 184
  - metoda 184
- Kaczka Masala w Mleku Kokosowym 185
  - Składniki 185
  - Na mieszankę przypraw: 185
  - metoda 186
- Kurczak Dil Bahar 187
  - Składniki 187
  - metoda 188
- Dum ka Murgh 190
  - Składniki 190
  - metoda 191
- Murgh Kheema Masala 192
  - Składniki 192
  - metoda 193
- Nawabi Nadziewany Kurczak 194
  - Składniki 194
  - Do wypełnienia: 194
  - metoda 195
- Murgh ke Nazare 196
  - Składniki 196
  - Na sos: 197
  - metoda 198
- Murgh Paanda 199

- Składniki 199
- metoda 200
- Murg Masala 201
  - Składniki 201
  - Na mieszankę przypraw: 201
  - metoda 202
- Krem z kurczaka Bohri 203
  - Składniki 203
  - metoda 204
- Jhatpat Murgh 205
  - Składniki 205
  - metoda 205
- zielone curry z kurczaka 206
  - Składniki 206
  - metoda 207
- Murgha Bharty 208
  - Składniki 208
  - metoda 208
- Kurczak z Iowa 209
  - Składniki 209
  - metoda 210
- Szpinakowy Kurczak Tikka 211
  - Składniki 211
  - Na marynatę: 211
  - metoda 212
- Kurczak Yakhni 213
  - Składniki 213

metoda 214

Kurczak chili 215

    Składniki 215

    metoda 216

kurczak pieprzowy 217

    Składniki 217

    metoda 217

Pieprz Mung Dal

dla 4 osób

Składniki

225 g/8 uncji mung dhal*

Dodaj sól do smaku

2 zielone chilli, drobno posiekane

szczypta kurkumy

1,25 litra / 2½ litra wody

1 łyżeczka soku z cytryny

½ łyżeczki mielonego czarnego pieprzu

metoda

- Połącz dhal, sól, zielone chilli, kurkumę i wodę w rondlu. Gotuj na średnim ogniu przez 45 minut.

- Dodać sok z cytryny i pieprz. Dobrze wymieszaj. Podawać na gorąco.

Wychodzi Buchara

(cały kremowy czarny gram)

Dla 4-6 osób

Składniki

600 g / 1 funt i 5 uncji urad dhal*, nasiąka w nocy

2 łyżki fasoli namoczonej przez noc

2 litry / 3½ litra wody

Dodaj sól do smaku

3 łyżki masła

1 łyżeczka nasion kminku

1 duża cebula, posiekana

2,5 cm korzeń imbiru, pokrojony w plasterki

2 ząbki drobno posiekanego czosnku

1 łyżeczka chili w proszku

1 łyżka mielonej kolendry

4 pomidory, blanszowane i pokrojone

½ łyżki garam masali

2 łyżki świeżej śmietanki

2 łyżki jogurtu

3 łyżki ghee

1-calowy korzeń imbiru, zwiędły

2 zielone chilli przekrojone wzdłuż

1 łyżka posiekanych liści kolendry

metoda

- Nie odcedzaj dhalu i fasoli. Wymieszaj w garnku z wodą i solą. Gotuj przez godzinę na średnim ogniu. Delikatnie wymieszaj i zachowaj.

- Rozpuść masło na małej patelni. Dodaj nasiona kminku. Pozwól im gotować przez 15 sekund.

- Dodać cebulę, imbir, czosnek, chili w proszku, kolendrę i pomidory. Gotuj na małym ogniu przez 7-8 minut, od czasu do czasu mieszając.

- Dodaj garam masala, śmietanę, jogurt i ghee. Dobrze wymieszaj. Gotuj przez 2-3 minuty.

- Dodaj tę mieszaninę do dhal. Gotuj na małym ogniu przez 10 minut.

- Udekoruj imbirem, zielonymi chilli i liśćmi kolendry. Podawać na gorąco z ryżem gotowanym na parze, chapatis lub naan.

Methi Dahal

(Dzieli czerwony gram z kozieradką)

dla 4 osób

Składniki

50 g / 1¾ uncji świeżych liści kozieradki, posiekanych

Dodaj sól do smaku

300 g Toor dhal*

1,5 litra / 2¾ litra wody

1 duża cebula, posiekana

2 pomidory, drobno posiekane

2 łyżki pasty z tamaryndowca

1 zielona papryka, przecięta wzdłuż

¼ łyżeczki kurkumy

¾ łyżeczki chili w proszku

2 łyżki świeżo startego kokosa

1 łyżka brązowego cukru*, mięso mielone

Dla ziół:

2 łyżeczki rafinowanego oleju roślinnego

½ łyżeczki nasion gorczycy

6 liści curry

8 zaprasowanych zębów

metoda

- Liście kozieradki nacieramy szczyptą soli i odstawiamy.

- Gotuj Toor dhal z wodą i solą na patelni przez 45 minut na średnim ogniu.

- Dodać liście kozieradki, cebulę, pomidory, pastę z tamaryndowca, zielone chilli, kurkumę, chili w proszku, kokos i brązowy cukier. Dobrze wymieszaj. Jeśli to konieczne, dodaj trochę wody. Gotuj na małym ogniu przez 5 minut.

- Zdjąć z ognia. Dobrze wymieszaj i zarezerwuj.

- Rozgrzej olej na patelni. Dodaj nasiona gorczycy, liście curry i goździki. Pozwól im gotować przez 15 sekund. Wlać to na dhal. Podawać na gorąco.

Malai Kofta

(makaron w słodkim sosie)

dla 4 osób

Składniki

Cynamon 2,5 cm / 1 cal

6 zielonych strąków kardamonu

¼ łyżeczki mielonej gałki muszkatołowej

6 zębów

3 łyżeczki świeżo zmielonego białego pieprzu

3,5 cm imbiru, drobno posiekanego

½ łyżeczki kurkumy

2 ząbki czosnku, posiekane

2 ½ łyżeczki cukru

Dodaj sól do smaku

120ml / 4ml wody

3 łyżki ghee

360 ml / 12 ml mleka

120 ml / 4 ml płynnego kremu

1 łyżka startego sera Cheddar

1 łyżka posiekanych liści kolendry

Dla Kofty:

50 g / 1¾ uncji khoya*

50 g paneera*

4 duże ziemniaki, ugotowane i starte

4-5 zielonych chilli, drobno posiekanych

1 cm korzeń imbiru, drobno posiekany

1 łyżeczka posiekanej kolendry

½ łyżeczki nasion kminku

Dodaj sól do smaku

20 g rodzynek

20 g orzechów nerkowca

metoda

- Aby przygotować koftę, ugotuj wszystkie składniki kofty z wyjątkiem rodzynek i orzechów nerkowca na miękkie ciasto.

- Podziel to ciasto na kulki wielkości orzecha włoskiego. W środek każdej kulki wciśnij 2-3 rodzynki i orzechy nerkowca.

- Piec kulki w piekarniku nagrzanym na 200°C (400°F / gaz 6) przez 5 minut. Odłóż je na bok.

- Aby przygotować sos, upraż cynamon, kardamon, gałkę muszkatołową i goździki na patelni na małym ogniu przez 1 minutę. Poczekaj i zarezerwuj.

- Zmiel pieprz, imbir, kurkumę, czosnek, cukier i sól z wodą. Zostaw to na boku.

- Podgrzej ghee na patelni. Dodaj mieszaninę cynamonu i kardamonu. Smaż go na średnim ogniu przez jedną minutę.

- Dodać mieszankę pieprzowo-imbirową. Gotuj przez 5-7 minut, od czasu do czasu mieszając.

- Dodaj mleko i śmietanę. Gotuj na małym ogniu przez 15 minut, od czasu do czasu mieszając.

- Wlać gorące kofty na patelnię.

- Sosem polej koftę i udekoruj serem i liśćmi kolendry. Podawać na gorąco.

- Lub po polaniu sosem piecz kofti przez 5 minut w piekarniku nagrzanym do 200°C (400°F, klasa gazu 6). Udekoruj serem i liśćmi kolendry. Podawać na gorąco.

Witaj Palaku

(gotowane ziemniaki ze szpinakiem)

dla 6

Składniki

300 g szpinaku, posiekanego i ugotowanego na parze

2 zielone chilli przekrojone wzdłuż

4 łyżki ghee

2 duże ugotowane i pokrojone w kostkę ziemniaki

½ łyżeczki nasion kminku

1-calowy korzeń imbiru, zwiędły

2 duże cebule, posiekane

3 pomidory, drobno posiekane

1 łyżeczka chili w proszku

½ łyżeczki mielonego cynamonu

½ łyżeczki mielonych goździków

¼ łyżeczki kurkumy

½ łyżki garam masali

½ łyżeczki mąki pszennej

1 łyżeczka soku z cytryny

Dodaj sól do smaku

½ łyżki masła

Obfita szczypta asafetydy

metoda

- Zmiksuj szpinak z zieloną papryką w blenderze. Zostaw to na boku.
- Podgrzej ghee na patelni. Dodaj ziemniaki i smaż na średnim ogniu, aż będą złociste i chrupiące. Odcedź i odłóż na bok.
- Dodaj nasiona kminku do tego samego ghee. Pozwól im gotować przez 15 sekund.
- Dodaj imbir i cebulę. Smaż je przez 2-3 minuty na średnim ogniu.
- Dodać pozostałe składniki oprócz masła i asafetydy. Gotuj mieszaninę na średnim ogniu przez 3-4 minuty, od czasu do czasu mieszając.
- Dodać szpinak i ziemniaki. Dobrze wymieszaj i gotuj na małym ogniu przez 2-3 minuty. Odłóż mieszaninę na bok.
- W małym rondlu rozgrzej masło. Dodaj asafetydę. Gotuj przez 5 sekund.
- Wlać tę mieszaninę bezpośrednio na batonik aloo. Delikatnie wymieszaj. Podawać na gorąco.

DOSTĘP:*Ziemniaki można zastąpić świeżym groszkiem lub ziarnami kukurydzy.*

Dum ma Karelę

(Wolno gotowana gorzka tykwa)

dla 4 osób

Składniki

12 gorzkich tykw*

Dodaj sól do smaku

500ml / 16ml wody

1 łyżeczka kurkumy

1 łyżka pasty imbirowej

1 łyżeczka pasty czosnkowej

Masło do aplikacji i smarowania

Do wypełnienia:

1 łyżka świeżo startego kokosa

60 g / 2 uncje orzeszków ziemnych

1 łyżka nasion sezamu

1 łyżeczka nasion kminku

2 duże cebule

1-calowy korzeń imbiru, zwiędły

2 łyżeczki brązowego cukru*, mięso mielone

1 ½ łyżeczki mielonej kolendry

1 łyżeczka chili w proszku

Dodaj sól do smaku

150 g bułki tartej*, mięso mielone

Dla ziół:

3 łyżki oczyszczonego oleju roślinnego

10 liści curry

½ łyżeczki nasion kminku

½ łyżeczki nasion gorczycy

¼ łyżeczki nasion kozieradki

metoda

- W futrzastych dyniach natnij wzdłuż, pamiętając, aby końcówka pozostała nienaruszona. Życzę im wszystkiego najlepszego. Posypujemy je solą i odstawiamy na 1 godzinę.
- W rondelku wymieszaj wodę, kurkumę, pastę imbirową, czosnek i odrobinę soli i gotuj na średnim ogniu przez 5-7 minut. Dodaj gorzką tykwę. Gotuj do miękkości. Odcedź i odłóż na bok.
- Aby przygotować nadzienie, podsmaż wszystkie składniki nadzienia z wyjątkiem paneera. Wysuszoną masę wymieszać z 60 ml wody. Zmiel, aż uzyskasz delikatną pastę.
- Dodaj panel. Dobrze wymieszaj z zmieloną pastą. Zostaw to na boku.

- Rozgrzej olej na patelni. Dodaj zioła. Pozwól im gotować przez 15 sekund.
- Wlać to na mieszaninę nadzienia. Dobrze wymieszaj. Podziel nadzienie na 12 równych części.
- Umieść porcję w każdej gorzkiej tykwie. Ułożyć je na natłuszczonej patelni wypełnioną stroną do góry. Zrób kilka dziurek w folii aluminiowej i przykryj nią patelnię.
- Piecz dynię w piekarniku nagrzanym na 140°C przez 30 minut i piecz regularnie. Podawać na gorąco.

Curry Navratna

(Curry do wyboru z warzywami)

dla 4 osób

Składniki

100 g zielonej fasolki

2 duże marchewki

100 g kalafiora

200 g groszku

360ml / 12ml wody

4 łyżki ghee plus do smażenia

2 ziemniaki, pokrojone w plasterki

150 g bułki tartej*, rozstać się

2 puree z pomidorów

2 duże zielone papryki, pokrojone w długie paski

150 g orzechów nerkowca

250 g rodzynek

2 łyżeczki cukru

Dodaj sól do smaku

200 g ubitego jogurtu

2 plasterki ananasa, pokrojone w plasterki

trochę wiśni

Na mieszankę przypraw:

6 ząbków czosnku

2 zielone papryki

4 suszone czerwone papryki

Korzeń imbiru 2,5 cm

2 łyżki nasion kolendry

1 łyżeczka nasion kminku

1 łyżeczka nasion czarnego kminku

3 zielone strąki kardamonu

metoda

- Fasolę, marchewkę i kalafior pokroić w kostkę. Mieszamy je z groszkiem i wodą. Gotuj tę mieszaninę na patelni na średnim ogniu przez 7-8 minut. Zostaw to na boku.
- Na patelni rozgrzej ghee do smażenia. Dodać ziemniaki i paneer. Smażyć je na średnim ogniu, aż uzyskają złoty kolor. Odcedź i odłóż na bok.
- Wszystkie składniki mieszanki przyprawowej zmiksuj na pastę. Zostaw to na boku.
- Na patelni rozgrzej 4 łyżki ghee. Dodaj pastę przyprawową. Smażyć na średnim ogniu przez 1-2 minuty, ciągle mieszając.
- Dodać przecier pomidorowy, pieprz, orzechy nerkowca, rodzynki, cukier i sól. Dobrze wymieszaj.

- Dodać ugotowane warzywa, smażony paneer oraz ziemniaki i jogurt. Mieszaj, aż jogurt i przecier pomidorowy przykryją pozostałe składniki. Gotuj na małym ogniu przez 10-15 minut.
- Udekoruj curry Navratna plasterkami ananasa i wiśnią. Podawać na gorąco.

Kofty warzywne zmieszane z pomidorowym curry

dla 4 osób

Składniki

Dla Kofty:

125 g mrożonej kukurydzy

125 g mrożonego groszku

60 g zielonej fasolki, posiekanej

60 g marchewki, posiekanej

375 g fasoli*

½ łyżeczki chili w proszku

szczypta kurkumy

1 łyżeczka amchoury*

1 łyżeczka mielonej kolendry

½ łyżeczki mielonego kminku

Dodaj sól do smaku

Rafinowany olej roślinny do smażenia

Dla koguta:

4 pomidory, posiekane

2 łyżeczki koncentratu pomidorowego

1 łyżeczka mielonego imbiru

½ łyżeczki chili w proszku

¼ łyżeczki cukru

¼ łyżeczki mielonego cynamonu

2 zęby

Dodaj sól do smaku

1 łyżka bułki tartej*, mięso mielone

Torebka 25 g/1 uncja Liście kolendry, posiekane

metoda

- Aby przygotować koftę, wymieszaj w rondlu kukurydzę, groszek, fasolę i marchewkę. Doprowadzić mieszaninę do wrzenia.
- Tak przygotowaną masę wymieszać z pozostałymi składnikami kofty oprócz oleju na miękkie ciasto. Ciasto podzielić na kulki wielkości cytryny.
- Rozgrzej olej na patelni. Dodaj kulki kofty. Smażyć je na średnim ogniu, aż uzyskają złoty kolor. Odcedź kofty i odłóż na bok.
- Aby przygotować curry, wymieszaj na patelni wszystkie składniki curry z wyjątkiem liści kolendry.
- Gotuj tę mieszaninę na średnim ogniu przez 15 minut, często mieszając.
- Ostrożnie dodaj kofty do curry 15 minut przed podaniem.
- Udekoruj liśćmi i kolendrą. Podawać na gorąco.

Muthias w białym sosie

(Klopsiki z paneer i kozieradką w białym sosie)

dla 4 osób

Składniki

1 łyżka orzechów nerkowca

1 łyżka lekko prażonych orzeszków ziemnych

1 kromka białego chleba

1 średnia cebula, posiekana

Korzeń imbiru 2,5 cm

3 zielone papryki

1 łyżeczka maku namoczona w 2 łyżkach mleka na 1 godzinę

2 łyżki ghee

240 ml / 6 ml mleka

1 łyżeczka cukru pudru

szczypta mielonego cynamonu

szczypta zmielonych goździków

120 ml / 4 ml płynnego kremu

Dodaj sól do smaku

200 g jogurtu

dla Muthii:

Paneer 300g / 10oz*, upadł

1 łyżka posiekanych liści kozieradki

1 łyżka zwykłej białej mąki

Dodaj sól do smaku

Chili w proszku do smaku

ghee do smażenia

metoda

- Wszystkie składniki muthii z wyjątkiem ghee wymieszaj na miękkie ciasto. Ciasto podzielić na kulki wielkości orzecha włoskiego.
- Podgrzej ghee na patelni. Dodaj klopsiki i smaż na średnim ogniu na złoty kolor. Zostaw to na boku.
- Zmiel orzechy nerkowca, prażone orzeszki ziemne i chleb na pastę z dużą ilością wody. Odłóż mieszaninę na bok.
- Cebulę, imbir, chili i mak zmielić na pastę z dużą ilością wody. Odłóż mieszaninę na bok.
- Podgrzej ghee na patelni. Dodaj mieszankę cebulowo-imbirową. Smażyć aż do zrumienienia.
- Dodać wszystkie pozostałe składniki i pastę orzechową. Dobrze wymieszaj. Gotuj na małym ogniu przez 15 minut, często mieszając.
- Więcej muthiasów. Delikatnie wymieszaj. Podawać na gorąco.

brązowe curry

dla 4 osób

Składniki

2 zielone strąki kardamonu

2 zęby

2 ziarna czarnego pieprzu

1cm cynamonu

1 liść laurowy

2 suszone czerwone papryki

1 łyżeczka mąki pełnoziarnistej

2 łyżki rafinowanego oleju roślinnego

1 duża cebula, pokrojona w plasterki

1 łyżeczka nasion kminku

szczypta asafetydy

1 duża zielona papryka, posiekana

1-calowy korzeń imbiru, zwiędły

4 ząbki czosnku, posiekane

½ łyżeczki chili w proszku

¼ łyżeczki kurkumy

1 łyżeczka mielonej kolendry

2 duże pomidory, drobno posiekane

1 łyżka pasty z tamaryndowca

Dodaj sól do smaku

1 łyżka posiekanych liści kolendry

metoda

- Zmiel kardamon, goździki, ziarna pieprzu, cynamon, liść laurowy i czerwoną paprykę na drobny proszek. Zostaw to na boku.
- Suszyć mąkę aż do uzyskania różowego koloru, ciągle mieszając. Zostaw to na boku.
- Rozgrzej olej na patelni. Dodaj cebulę. Smażyć na średnim ogniu aż do złotego koloru. Odcedź i mieszaj, aż uzyskasz delikatną pastę. Zostaw to na boku.
- Podgrzej ten sam olej i dodaj nasiona kminku. Pozwól im gotować przez 15 sekund.
- Dodać asafetydę, zielony pieprz, imbir i czosnek. Gotuj przez minutę.
- Dodać pozostałe składniki oprócz liści kolendry. Dobrze wymieszaj.
- Dodać zmieloną mieszankę kardamonu i goździków, suchą prażoną mąkę i pastę cebulową. Dobrze wymieszaj.
- Gotuj na małym ogniu przez 10-15 minut.
- Udekoruj liśćmi kolendry. Podawać na gorąco.

DOSTĘP: *To curry dobrze komponuje się z warzywami, takimi jak puree ziemniaczane, groszek i smażone kawałki bakłażana.*

diamentowe curry

dla 4 osób

Składniki

2-3 łyżki rafinowanego oleju roślinnego

2 duże cebule, pokrojone w pastę

1 łyżka pasty imbirowej

1 łyżeczka pasty czosnkowej

2 duże pomidory, puree

1-2 zielone chilli

½ łyżeczki kurkumy

1 łyżka mielonego kminku

½ łyżki garam masali

½ łyżeczki cukru

Dodaj sól do smaku

250 ml wody

dla diamentów:

250 g besan*

200 ml / 7 ml wody

1 łyżka oczyszczonego oleju roślinnego

1 szczypta asafetydy

½ łyżeczki nasion kminku

Torebka 25 g/1 uncja Liście kolendry, posiekane

2 zielone chilli, drobno posiekane

Dodaj sól do smaku

metoda

- Aby przygotować sos, na patelni rozgrzej olej. Dodaj pastę cebulową. Smaż pastę na średnim ogniu, aż stanie się przezroczysta.
- Dodaj pastę imbirową i pastę czosnkową. Po prostu upiecz.
- Dodaj pozostałe składniki oprócz składników diamentowych. Dobrze wymieszaj. Przykryj pokrywką i gotuj mieszaninę przez 5-7 minut. Odłóż sos na bok.
- Aby zrobić diamenty, delikatnie wymieszaj besan z wodą, aż powstanie gęsta pasta. Unikaj wstrząsów. Zostaw to na boku.
- Rozgrzej olej na patelni. Dodaj asafetydę i nasiona kminku. Pozwól im gotować przez 15 sekund.
- Dodaj pastę besan i wszystkie pozostałe składniki diamentowe. Ciągle mieszaj na średnim ogniu, aż mieszanina zacznie odchodzić od ścianek patelni.
- Nasmaruj tłuszczem nieprzywierającą formę do pieczenia o wymiarach 15 x 35 cm / 6 x 14 cali. Wlać ciasto i odstawić szpatułką. Odstaw na 20 minut. Pociąć na kształt rombu.
- Dodaj diamenty do sosu. Podawać na gorąco.

gulasz warzywny

dla 4 osób

Składniki

1 łyżka zwykłej białej mąki

3 łyżki oczyszczonego oleju roślinnego

4 zęby

Cynamon 2,5 cm / 1 cal

2 zielone strąki kardamonu

1 mała cebula, pokrojona w kostkę

1 cm imbiru, drobno posiekanego

2-5 zielonych chilli przeciętych wzdłuż

10 liści curry

150 g mrożonych warzyw

600 ml / 1 litr mleka kokosowego

Dodaj sól do smaku

1 łyżka octu

1 łyżeczka mielonego czarnego pieprzu

1 łyżka nasion gorczycy

1 posiekana cebula

metoda

- Mąkę wymieszać z taką ilością wody, aby powstała gęsta pasta. Zostaw to na boku.
- Na patelni rozgrzej 2 łyżki oleju. Dodać goździki, cynamon i kardamon. Pozwól im gotować przez 30 sekund.
- Dodać cebulę, imbir, chili i liście curry. Gotuj mieszaninę przez 2-3 minuty na średnim ogniu.
- Dodać warzywa, mleko kokosowe i sól. Mieszaj przez 2-3 minuty.
- Dodaj pastę z mąki. Gotuj przez 5-7 minut, ciągle mieszając.
- Dodaj ocet. Dobrze wymieszaj. Gotuj przez kolejną minutę na małym ogniu. Odłóż gulasz na bok.
- Na patelni rozgrzej pozostały olej. Dodać pieprz, gorczycę i szalotkę. Gotuj przez 1 minutę.
- Wlać tę mieszaninę do sosu. Podawać na gorąco.

Curry z grzybów i groszku

dla 4 osób

Składniki

2 zielone papryki

1 łyżka maku

2 zielone strąki kardamonu

1 łyżka orzechów nerkowca

1 cm korzeń imbiru

½ łyżki ghee

1 duża cebula, posiekana

4 ząbki drobno posiekanego czosnku

400 g grzybów, pokrojonych w plasterki

200 g groszku konserwowego

Dodaj sól do smaku

1 łyżka jogurtu

1 łyżka śmietanki

10 g posiekanych liści kolendry

metoda

- Zmiel zielone chilli, mak, kardamon, orzechy nerkowca i imbir na grubą pastę. Zostaw to na boku.
- Podgrzej ghee na patelni. Dodaj cebulę. Smażyć na średnim ogniu, aż będzie przezroczysty.
- Dodaj czosnek oraz pokruszone zielone chili i mieszankę maku. Piec przez 5-7 minut.
- Dodać grzyby i groszek. Gotuj przez 3-4 minuty.
- Dodać sól, jogurt i śmietanę. Dobrze wymieszaj. Gotuj na małym ogniu przez 5-7 minut, od czasu do czasu mieszając.
- Udekoruj liśćmi kolendry. Podawać na gorąco.

Navratan Korma

(pikantna mieszanka warzyw)

dla 4 osób

Składniki

1 łyżeczka nasion kminku

2 łyżki maku

3 zielone strąki kardamonu

1 duża cebula, posiekana

Opakowanie 25 g / 1 uncja kokosa, rozdrobnionego

3 zielone chilli przekrojone wzdłuż

3 łyżki ghee

15 orzechów nerkowca

3 łyżki masła

400 g groszku konserwowego

2 ugotowane i starte marchewki

1 małe jabłko, pokrojone w plasterki

2 plasterki ananasa, posiekane

125 g jogurtu

60 ml / 2 ml płynnego kremu

Ketchup Pomidorowy 120 ml / 4 ml oz

20 rodzynek

Dodaj sól do smaku

1 łyżka startego sera Cheddar

1 łyżka posiekanych liści kolendry

2 wiśnie z polewą

metoda

- Zmiel kminek i mak na drobny proszek. Zostaw to na boku.
- Zmiel kardamon, cebulę, kokos i zielony pieprz na gęstą pastę. Zostaw to na boku.
- Podgrzej ghee. Dodaj orzechy nerkowca. Smażyć je na średnim ogniu, aż uzyskają złoty kolor. Odcedź i odłóż na bok. Nie wyrzucaj oleju.
- Dodaj masło do ghee i podgrzej mieszaninę, cały czas mieszając.
- Dodaj mieszaninę kardamonu i cebuli. Gotuj na średnim ogniu przez 2 minuty.
- Dodać groszek, marchewkę, jabłko i ananasa. Gotuj mieszaninę przez 5-6 minut.
- Dodaj mieszankę kminku i maku. Gotuj przez kolejną minutę na małym ogniu.
- Dodać jogurt, śmietanę, ketchup, rodzynki i sól. Mieszaj mieszaninę na małym ogniu przez 7-8 minut.
- Kormę dekorujemy serem, liśćmi kolendry, wiśniami i smażonymi orzechami nerkowca. Podawać na gorąco.

Sindhi Sai Bhaji*

(Warzywa z przyprawami Sindhi)

dla 4 osób

Składniki

3 łyżki oczyszczonego oleju roślinnego

1 duża cebula, posiekana

3 zielone chilli przekrojone wzdłuż

6 ząbków drobno posiekanego czosnku

1 marchewka, drobno starta

1 duża zielona papryka, drobno posiekana

1 mała kapusta, drobno posiekana

1 duży ziemniak, pokrojony w plasterki

1 drobno posiekany bakłażan

100 g okry, mielonej

100 g zielonej fasolki, posiekanej

150 g liści szpinaku, posiekanych

100 g posiekanych liści kolendry

300 g dhalu masoor*gotować 30 minut i odcedzić

150 g mung dahalu*gotować 30 minut i odcedzić

750 ml / 1¼ litra wody

1 łyżeczka chili w proszku

1 łyżeczka mielonej kolendry

½ łyżeczki kurkumy

1 łyżeczka soli

1 pomidor

½ łyżki ghee

szczypta asafetydy

metoda

- Rozgrzej olej na dużej patelni. Dodaj cebulę. Smażyć na średnim ogniu, aż będzie przezroczysty.
- Dodaj zielone chilli i czosnek. Gotuj przez kolejną minutę.
- Dodaj wszystkie pozostałe składniki z wyjątkiem pomidorów, ghee i asafetydy. Dobrze wymieszaj. Przykryj pokrywką i gotuj przez 10 minut, od czasu do czasu mieszając.
- Na masę warzywną wyłożyć całego pomidora, ponownie przykryć i gotować kolejne 30 minut.
- Zdjąć z ognia i wymieszać zawartość na duże kawałki. Odłóż bhaji na bok.
- Podgrzej ghee na patelni. Dodaj asafetydę. Gotuj przez 10 sekund. Wlać bezpośrednio na bhaji. Dobrze wymieszaj mieszaninę. Podawać na gorąco.

Burak Nawabi

(bogate buraki)

dla 4 osób

Składniki

500 g średnich buraków, obranych

125 g jogurtu

120 ml / 4 ml płynnego kremu

Dodaj sól do smaku

1-calowy korzeń imbiru, zwiędły

100 g świeżego groszku

1 łyżka soku z cytryny

1 łyżka oczyszczonego oleju roślinnego

2 łyżki masła

1 duża cebula, posiekana

6 ząbków czosnku, drobno posiekanych

1 łyżeczka chili w proszku

szczypta kurkumy

1 łyżka garam masali

250 g startego sera Cheddar

50 g posiekanych liści kolendry

metoda

- Odcedź buraki. Nie wyrzucać zebranych dawek. Zostaw to na boku.
- Wymieszaj 2 łyżki jogurtu, 2 łyżki śmietanki i sól.
- Włóż wydrążone buraki do tej mieszanki, tak aby były dobrze przykryte.
- Gotuj buraki na średnim ogniu przez 5-7 minut. Zostaw to na boku.
- Wyekstrahowane kawałki buraków wymieszać z imbirem, groszkiem, sokiem z cytryny i solą.
- Rozgrzej olej na patelni. Dodaj mieszankę buraków i imbiru. Smaż na średnim ogniu przez 4-5 minut.
- Tą mieszanką napełnij ugotowane na parze buraki. Zostaw to na boku.
- Na patelni rozgrzej masło. Dodaj cebulę i czosnek. Smaż je na średnim ogniu, aż cebula stanie się przezroczysta.
- Dodaj pozostałą śmietankę, chili w proszku, kurkumę i garam masala. Dobrze wymieszaj. Gotuj przez 4-5 minut.
- Dodać nadziewane buraki, pozostały jogurt i ser. Gotuj przez 2-3 minuty i dodaj liście kolendry. Podawać na gorąco.

Baghara Baingana

(Pikantny i pikantny bakłażan)

dla 4 osób

Składniki

1 łyżka nasion kolendry

1 łyżka maku

1 łyżka nasion sezamu

½ łyżeczki nasion kminku

3 suszone czerwone papryki

100 g świeżo startego kokosa

3 duże cebule, posiekane

Korzeń imbiru 2,5 cm

5 łyżek oczyszczonego oleju roślinnego

500 g bakłażana, pokrojonego na kawałki

8 liści curry

½ łyżeczki kurkumy

½ łyżeczki chili w proszku

3 zielone chilli przekrojone wzdłuż

8 liści curry

1 ½ łyżki pasty z tamaryndowca

250 ml wody

Dodaj sól do smaku

metoda

- Kolendrę, mak, sezam, kminek i czerwone chili suszy się przez 1-2 minuty. Zostaw to na boku.
- Zmiel kokos, 1 cebulę i imbir na grubą pastę. Zostaw to na boku.
- Na patelni rozgrzej połowę oleju. Dodaj bakłażany. Smaż je przez 5 minut na średnim ogniu, od czasu do czasu obracając. Odcedź i odłóż na bok.
- Na patelni rozgrzej pozostały olej. Dodaj liście curry i resztę cebuli. Smaż je na średnim ogniu, aż cebula stanie się złotobrązowa.
- Dodaj pastę kokosową. Gotuj przez minutę.
- Dodaj resztę składników. Dobrze wymieszaj. Gotuj na małym ogniu przez 3-4 minuty.
- Dodaj mieszankę suszonych, prażonych nasion kolendry i maku. Dobrze wymieszaj. Kontynuuj gotowanie przez 2-3 minuty.
- Dodaj smażone bakłażany. Dobrze wymieszaj mieszaninę. Gotuj przez 3-4 minuty. Podawać na gorąco.

Kofta marchewkowa gotowana na parze

dla 4 osób

Składniki

2 łyżki rafinowanego oleju roślinnego

2 duże cebule, posiekane

6 posiekanych pomidorów

1 łyżka jogurtu

1 łyżka garam masali

Dla Kofty:

2 duże marchewki, starte

125 g besanu*

125 g mąki pełnoziarnistej

150 g prażonej pszenicy

1 łyżka garam masali

½ łyżeczki kurkumy

1 łyżeczka chili w proszku

¼ łyżeczki kwasku cytrynowego

½ łyżeczki sody oczyszczonej

2 łyżeczki rafinowanego oleju roślinnego

Dodaj sól do smaku

Na makaron:

3 łyżki nasion kolendry

1 łyżeczka nasion kminku

4 ziarna czarnego pieprzu

3 zęby

5cm cynamonu

2 zielone strąki kardamonu

3 łyżeczki świeżo startego kokosa

6 czerwonych papryk

Dodaj sól do smaku

2 łyżki wody

metoda

- Wszystkie składniki kofty wymieszać z taką ilością wody, aby powstało miękkie ciasto. Ciasto podzielić na kulki wielkości orzecha włoskiego.
- Gotuj kulki na średnim ogniu przez 7-8 minut. Zostaw to na boku.
- Wszystkie składniki makaronu oprócz wody wymieszać. Smaż mieszaninę przez 2-3 minuty na średnim ogniu.
- Do mieszanki dodać wodę i zmiksować na gładką pastę. Zostaw to na boku.
- Rozgrzej olej na patelni. Dodaj posiekaną cebulę. Smażyć na średnim ogniu, aż staną się przezroczyste.
- Dodać pomidory, jogurt, garam masala i zmieloną pastę. Smaż mieszaninę przez 2-3 minuty.
- Dodaj ugotowane na parze klopsiki. Dobrze wymieszaj. Gotuj mieszaninę na małym ogniu przez 3-4 minuty, często mieszając. Podawać na gorąco.

Dingri Shabnam

(Panierowane klopsiki nadziewane grzybami)

dla 4 osób

Składniki

Panel 450 g / 1 funt*

125 g zwykłej białej mąki

60 ml wody

Rafinowany olej roślinny i dodatek do smażenia

¼ łyżeczki garam masali

Do wypełnienia:

100 g grzybów

1 łyżeczka niesolonego masła

8 posiekanych orzechów nerkowca

16 rodzynek

2 łyżki khoyi*

1 łyżka bułki tartej*

1 łyżka posiekanych liści kolendry

1 zielona papryczka chili, zmielona

Na sos:

2 łyżki rafinowanego oleju roślinnego

¼ łyżeczki nasion kozieradki

1 cebula, drobno posiekana

1 łyżeczka pasty czosnkowej

1 łyżka pasty imbirowej

¼ łyżeczki kurkumy

7-8 orzechów nerkowca, zmielonych

50 g jogurtu

1 duża cebula, pokrojona w pastę

750 ml / 1¼ litra wody

Dodaj sól do smaku

metoda

- Paneer z mąki i 60 ml wody zagnieść na miękkie ciasto. Ciasto podzielić na 8 kulek. Rozłóż je na talerzach. Zostaw to na boku.
- Do nadzienia pokrój grzyby w plasterki.
- Na patelni rozgrzej masło. Dodać pokrojone w plasterki grzyby. Smaż je przez minutę na średnim ogniu.
- Zdjąć z ognia i wymieszać z pozostałymi składnikami nadzienia.
- Podziel tę mieszaninę na 8 równych części.
- Na każdym arkuszu bułki tartej połóż trochę nadzienia. Zamknij torebkę i uformuj kulki z kofty.
- Na patelni rozgrzej olej do smażenia. Dodaj kofty. Smażyć je na średnim ogniu, aż uzyskają złoty kolor. Odcedź i odłóż na bok.

- Aby przygotować sos, na patelni rozgrzej 2 łyżki oleju. Dodaj nasiona kozieradki. Pozwól im gotować przez 15 sekund.
- Dodaj cebulę. Smażyć na średnim ogniu, aż będzie przezroczysty.
- Dodać pozostałe składniki sosu. Dobrze wymieszaj. Gotuj na małym ogniu przez 8-10 minut.
- Zdjąć z ognia i przecedzić sos przez durszlak do osobnego garnka.
- Ostrożnie dodaj kofty do przecedzonego sosu.
- Pozostaw tę mieszaninę na wolnym ogniu przez 5 minut.
- Posyp garam masala na dhingri shabnam. Podawać na gorąco.

Grzyb Xacutti

(Goańskie pikantne curry z grzybami)

dla 4 osób

Składniki

4 łyżki oczyszczonego oleju roślinnego

3 czerwone papryki

2 duże cebule, posiekane

1 starty kokos

2 łyżki nasion kolendry

4 ziarna czarnego pieprzu

½ łyżeczki kurkumy

1 łyżeczka maku

Cynamon 2,5 cm / 1 cal

2 zęby

2 zielone strąki kardamonu

½ łyżeczki nasion kminku

½ łyżeczki nasion kopru włoskiego

5 ząbków czosnku, drobno posiekanych

Dodaj sól do smaku

2 pomidory, drobno posiekane

1 łyżka pasty z tamaryndowca

500 g/1 funt 2 uncje grzybów, posiekanych

1 łyżka posiekanych liści kolendry

metoda

- Na patelni rozgrzej 3 łyżki oleju. Dodaj czerwoną paprykę. Gotuj na średnim ogniu przez 20 sekund.
- Dodać cebulę i kokos. Smażyć mieszaninę na złoty kolor. Zostaw to na boku.
- Podgrzej garnek. Dodać nasiona kolendry, ziarna pieprzu, kurkumę, mak, cynamon, goździki, kardamon, kminek i nasiona kopru włoskiego. Smażyć mieszaninę na sucho przez 1-2 minuty, ciągle mieszając.
- Dodaj czosnek i sól. Dobrze wymieszaj. Suszyć przez kolejną minutę. Zdejmij z ognia i mieszaj, aż masa będzie gładka.
- Rozgrzać pozostały olej. Dodać pomidory i pastę tamaryndową. Smaż tę mieszaninę przez minutę na średnim ogniu.
- Dodaj grzyby. Gotuj przez 2-3 minuty.
- Dodaj mieszankę nasion kolendry i chili oraz mieszankę cebuli i kokosa. Dobrze wymieszaj. Gotuj na małym ogniu przez 3-4 minuty.
- Dekorujemy grzybowe xacutti liśćmi kolendry. Podawać na gorąco.

Paneer i kukurydziane curry

dla 4 osób

Składniki

3 zęby

Cynamon 2,5 cm / 1 cal

3 ziarna czarnego pieprzu

1 łyżka zmielonych orzechów nerkowca

1 łyżka maku

3 łyżki ciepłego mleka

2 łyżki rafinowanego oleju roślinnego

1 duża cebula, posiekana

2 liście laurowe

½ łyżeczki pasty imbirowej

½ łyżeczki pasty czosnkowej

1 łyżeczka czerwonego chili w proszku

4 puree z pomidorów

125 g ubitego jogurtu

2 łyżki śmietanki

1 łyżeczka cukru

½ łyżki garam masali

Paneer 250g / 9oz*, rozdrobniony

200 g ziaren kukurydzy cukrowej, ugotowanych

Dodaj sól do smaku

2 łyżki liści kolendry

metoda

- Zmiel goździki, cynamon i pieprz na drobny proszek. Zostaw to na boku.
- Orzechy nerkowca i mak namoczyć w ciepłym mleku na 30 minut. Zostaw to na boku.
- Rozgrzej olej na patelni. Dodać cebulę i liście laurowe. Smaż je przez minutę na średnim ogniu.
- Dodaj zmielone goździki, cynamon i ziarna pieprzu oraz mieszankę orzechów nerkowca i maku.
- Dodaj pastę imbirową, pastę czosnkową i czerwone chili w proszku. Dobrze wymieszaj. Po prostu upiecz.
- Dodaj pomidory. Gotuj mieszaninę na małym ogniu przez 2-3 minuty.
- Dodaj jogurt, śmietanę, cukier, garam masala, paneer, ziarna kukurydzy cukrowej i sól. Dobrze wymieszaj mieszaninę. Gotuj na małym ogniu przez 7-8 minut, często mieszając.
- Udekoruj curry liśćmi kolendry. Podawać na gorąco.

Basanta Bahara

(Pikantne zielone pomidory w sosie)

dla 4 osób

Składniki

500 g / 1 funt i 2 uncje zielonych pomidorów

1 łyżeczka rafinowanego oleju roślinnego

szczypta asafetydy

3 małe cebule, posiekane

10 ząbków czosnku, drobno posiekanych

250 g besan*

1 łyżka nasion kopru włoskiego

1 łyżeczka mielonej kolendry

¼ łyżeczki kurkumy

¼ łyżeczki garam masali

½ łyżeczki chili w proszku

1 łyżeczka soku z cytryny

Dodaj sól do smaku

Na sos:

3 prażone cebule

2 dojrzałe pomidory

1 cm korzeń imbiru

2 zielone papryki

1 łyżeczka jogurtu

1 łyżeczka śmietanki

szczypta asafetydy

1 łyżeczka nasion kminku

2 liście laurowe

Dodaj sól do smaku

2 łyżeczki rafinowanego oleju roślinnego

150 g miękkiego sera koziego, pokruszonego

1 łyżka posiekanych liści kolendry

metoda

- Na pomidorze wykonaj nożem krzyż i odetnij go, pozostawiając nienaruszony dół. Powtórz tę czynność dla wszystkich pomidorów. Zostaw to na boku.
- Rozgrzej olej na patelni. Dodaj asafetydę. Gotuj przez 10 sekund.
- Dodaj cebulę i czosnek. Smaż je na średnim ogniu, aż cebula stanie się przezroczysta.
- Dodaj besan, nasiona kopru włoskiego, mieloną kolendrę, kurkumę, garam masala i chili w proszku. Kontynuuj smażenie przez 1-2 minuty.

- Dodaj sok z cytryny i sól. Dobrze wymieszaj. Zdjąć z ognia i napełnić tą mieszanką pokrojone pomidory. Odłóż nadziewane pomidory na bok.
- Wszystkie składniki sosu oprócz oleju, koziego sera i liści kolendry zmiksować na gładką pastę. Zostaw to na boku.
- Podgrzej 1 łyżeczkę oleju. Dodaj kozi ser. Smażyć na średnim ogniu aż do złotego koloru. Zostaw to na boku.
- Na drugiej patelni rozgrzej resztę oleju. Dodać makaron z sosem mielonym. Gotuj mieszaninę na średnim ogniu przez 4-5 minut, od czasu do czasu mieszając.
- Dodaj nadziewane pomidory. Dobrze wymieszaj. Przykryj patelnię pokrywką i gotuj mieszaninę na średnim ogniu przez 4-5 minut.
- Posyp liśćmi kolendry i smażonym serem kozim basant bahari. Podawać na gorąco.

Palak Kofta

(Klopsiki ze szpinakiem w sosie)

dla 4 osób

Składniki

Dla Kofty:

300 g drobno posiekanego szpinaku

1 cm korzeń imbiru

1 zielona papryka

1 ząbek czosnku

Dodaj sól do smaku

½ łyżki garam masali

30 g odsączonego sera koziego

2 łyżki besanu*, smażony

4 łyżki klarowanego oleju roślinnego plus do smażenia

Na sos:

½ łyżeczki nasion kminku

Korzeń imbiru 2,5 cm

2 ząbki czosnku

¼ łyżeczki nasion kolendry

2 małe cebule, posiekane

szczypta chili w proszku

¼ łyżeczki kurkumy

½ pomidora, puree

Dodaj sól do smaku

120ml / 4ml wody

2 łyżki śmietanki

1 łyżka posiekanych liści kolendry

metoda

- Przygotuj koftę, mieszając na patelni szpinak, imbir, zielone chilli, czosnek i sól. Gotuj tę mieszaninę na średnim ogniu przez 15 minut. Odcedź i mieszaj, aż uzyskasz gładką pastę.
- Zagniataj tę pastę ze wszystkimi pozostałymi składnikami kofty z wyjątkiem oleju, aż uzyskasz zwarte ciasto. Podziel to ciasto na kulki wielkości orzecha włoskiego.
- Na patelni rozgrzej olej do smażenia. Dodaj kulki. Smażyć je na średnim ogniu, aż uzyskają złoty kolor. Odcedź i odłóż na bok.
- Przygotować sos poprzez zmielenie nasion kminku, imbiru, czosnku i kolendry. Zostaw to na boku.
- Na patelni rozgrzej 4 łyżki oleju. Dodaj posiekaną cebulę. Smażyć na małym ogniu aż do złotego koloru. Dodaj pastę imbirową i kminkową. Gotuj przez kolejną minutę.

- Dodać chili w proszku, kurkumę i koncentrat pomidorowy. Dobrze wymieszaj. Kontynuuj smażenie przez 2-3 minuty.
- Dodaj sól i wodę. Dobrze wymieszaj. Przykryj pokrywką i gotuj przez 5-6 minut, od czasu do czasu mieszając.
- Otwórz i dodaj koftę. Gotuj przez kolejne 5 minut na małym ogniu.
- Udekoruj śmietaną i liśćmi kolendry. Podawać na gorąco.

kofta z kapustą

(Piórka z kapustą w sosie)

dla 4 osób

Składniki

Dla Kofty:

100 g poszatkowanej kapusty

4 duże ugotowane ziemniaki

1 łyżeczka nasion kminku

1 łyżka pasty imbirowej

2 zielone chilli, drobno posiekane

1 łyżeczka soku z cytryny

Dodaj sól do smaku

Rafinowany olej roślinny do smażenia

Na sos:

1 łyżka masła

3 małe cebule, posiekane

4 ząbki czosnku

4-6 posiekanych pomidorów

¼ łyżeczki kurkumy

1 łyżeczka chili w proszku

1 łyżeczka cukru

250 ml wody

Dodaj sól do smaku

1 łyżka posiekanych liści kolendry

metoda

- Wszystkie składniki kofty oprócz oleju wymieszać na miękkie ciasto. Ciasto podzielić na kulki wielkości orzecha włoskiego.
- Rozgrzej olej na patelni. Smażyć kulki na średnim ogniu, aż uzyskają złoty kolor. Odcedź i odłóż na bok.
- Aby przygotować sos, na patelni rozgrzej masło. Dodaj cebulę i czosnek. Smażyć je na średnim ogniu, aż uzyskają złoty kolor.
- Dodać pomidory, kurkumę i chili w proszku. Smaż mieszaninę przez 4-5 minut.
- Dodać cukier, wodę i sól. Dobrze wymieszaj. Przykryj pokrywką i gotuj na małym ogniu przez 6-7 minut.
- Dodaj smażone kulki kofta. Gotuj na małym ogniu przez 5-6 minut.
- Udekoruj kapustę liśćmi kolendry. Podawać na gorąco.

Zebrane

(Cury z zielonych bananów)

dla 4 osób

Składniki

2 łyżki świeżo startego kokosa

½ łyżeczki nasion kminku

2 zielone papryki

1 łyżkę ryżu długoziarnistego moczy się przez 15 minut

500ml / 16ml wody

200 g zielonego banana, obranego i pokrojonego w kostkę

Dodaj sól do smaku

2 łyżeczki oleju kokosowego

½ łyżeczki nasion gorczycy

½ łyżeczki urad Dal*

szczypta asafetydy

8-10 liści curry

metoda

- Zmiel kokos, nasiona kminku, zielony pieprz i ryż z 4 łyżkami wody na gładką pastę. Zostaw to na boku.
- Banana wymieszaj z pozostałą wodą i solą. Gotuj tę mieszaninę na patelni na średnim ogniu przez 10-12 minut.
- Dodać pastę kokosową i kminkową. Gotuj przez 2-3 minuty. Zostaw to na boku.
- Rozgrzej olej na patelni. Dodaj nasiona gorczycy, urad dhal, asafetydę i liście curry. Pozwól im gotować przez 30 sekund.
- Wlać tę mieszaninę do curry z bananami. Dobrze wymieszaj. Podawać na gorąco.

DOSTĘP:*Możesz także zastąpić zieloną tykwę białą tykwą jesionową lub tykwą węża.*

masala z masłem paneer

dla 4 osób

Składniki

Rafinowany olej roślinny do smażenia

Panel 500g / 1lb 2oz*, rozdrobniony

1 duża marchewka, pokrojona w plasterki

100 g zielonej fasolki, posiekanej

200 g mrożonego groszku

3 zmiażdżone zielone chilli

Dodaj sól do smaku

1 łyżka posiekanych liści kolendry

Na sos:

Korzeń imbiru 2,5 cm

4 ząbki czosnku

4 zielone papryki

1 łyżeczka nasion kminku

3 łyżki masła

2 małe cebule, posiekane

4 puree z pomidorów

1 łyżka mąki kukurydzianej

300 g jogurtu

2 łyżeczki cukru

½ łyżki garam masali

250 ml wody

Dodaj sól do smaku

metoda

- Rozgrzej olej na patelni. Dodaj elementy panelu. Smażyć je na średnim ogniu, aż uzyskają złoty kolor. Odcedź i odłóż na bok.
- Wymieszaj marchewkę, groszek i groszek. Gotuj tę mieszaninę w parowarze na średnim ogniu przez 8-10 minut.
- Dodaj zielone chili i sól. Dobrze wymieszaj. Zostaw to na boku.
- Przygotuj sos, rozcierając imbir, czosnek, zielone chilli i nasiona kminku na gładką pastę.
- Na patelni rozgrzej masło. Dodaj cebulę. Smaż je na średnim ogniu, aż staną się półprzezroczyste.
- Dodać pastę imbirowo-czosnkową i pomidory. Gotuj przez kolejną minutę.
- Dodać skrobię kukurydzianą, jogurt, cukier, garam masala, wodę i sól. Mieszaj mieszaninę przez 4-5 minut.

- Dodaj gotowaną na parze mieszankę warzywną i smażony paneer. Dobrze wymieszaj. Przykryj pokrywką i gotuj mieszaninę przez 2-3 minuty na małym ogniu.

- Udekoruj masło paneer masala liśćmi kolendry. Podawać na gorąco.

Mor Colambu

(Mieszane warzywa w stylu południowoindyjskim)

dla 4 osób

Składniki

2 łyżeczki oleju kokosowego

2 średnie bakłażany, pokrojone w kostkę

2 baterie indyjskie*, rozdrobniony

100 g dyni* w kostce

100 g okry

Dodaj sól do smaku

200 g jogurtu

250 ml wody

10 liści curry

Na mieszankę przypraw:

2 łyżki dal mung*, gotuj przez 10 minut

1 łyżka nasion kolendry

½ łyżeczki nasion kminku

4-5 nasion kozieradki

½ łyżeczki nasion gorczycy

½ łyżki ryżu basmati

2 łyżki świeżo startego kokosa

metoda

- Wszystkie składniki mieszanki przypraw wymieszać. Zostaw to na boku.
- Na patelni rozgrzej olej kokosowy. Dodać bakłażana, pałeczki, dynię, okrę i sól. Smaż tę mieszaninę przez 4-5 minut na średnim ogniu.
- Dodaj mieszankę przypraw. Gotuj przez 4-5 minut.
- Dodaj jogurt i wodę. Dobrze wymieszaj. Przykryj pokrywką i gotuj na małym ogniu przez 7-8 minut.
- Weź kolambu i udekoruj go liśćmi curry. Podawać na gorąco.

Aloo Gobhi lub Methi ka Tuk

(Ziemniaki po sindhi, kalafior i kozieradka)

dla 4 osób

Składniki

500ml / 16ml wody

Dodaj sól do smaku

4 duże, nieobrane ziemniaki, pokrojone na 5 cm kawałki

20 g/¾ uncji świeżych liści kozieradki

3 łyżki oczyszczonego oleju roślinnego

1 łyżka nasion gorczycy

2-4 liście curry

1 łyżka pasty imbirowej

1 łyżeczka pasty czosnkowej

800 g kalafiora

1 łyżeczka chili w proszku

1 łyżeczka amchoury*

½ łyżeczki mielonego kminku

½ łyżeczki drobno zmielonego czarnego pieprzu

Duża szczypta suszonych liści kozieradki

2 łyżki świeżych nasion granatu

metoda

- Do rondla wlać wodę, dodać sól i zagotować.
- Dodać ziemniaki i gotować do miękkości. Odcedź ziemniaki i odłóż na bok.
- Natrzyj świeże liście kozieradki solą, aby zmniejszyć ich gorycz. Umyj i osusz liście. Zostaw to na boku.
- Rozgrzej olej na patelni. Dodaj nasiona gorczycy i liście curry. Pozwól im gotować przez 15 sekund.
- Dodaj pastę imbirową i pastę czosnkową. Smaż mieszaninę przez minutę na średnim ogniu.
- Dodać kalafior, chili w proszku, amchoor, mielony kminek, pieprz i suszone liście kozieradki. Kontynuuj smażenie przez 3-4 minuty.
- Dodaj ziemniaki i świeże liście kozieradki. Gotuj mieszaninę na małym ogniu przez 7-8 minut.
- Udekoruj pestkami granatu. Podawać na gorąco.

ptak

(Warzywa południowoindyjskie)

dla 4 osób

Składniki

400 g czystego jogurtu

1 łyżeczka nasion kminku

100 g świeżo startego kokosa

Dodaj sól do smaku

4 łyżeczki posiekanych liści kolendry

750 ml / 1¼ litra wody

100 g dyni* w kawałkach

200 g mrożonych warzyw

¼ łyżeczki kurkumy

4 zielone chilli przekrojone wzdłuż

120 ml / 4 ml oczyszczonego oleju roślinnego

¼ łyżeczki nasion gorczycy

10 liści curry

szczypta asafetydy

2 suszone czerwone papryki

metoda

- Jogurt ubić z nasionami kminku, kokosem, solą, liśćmi kolendry i 250 ml wody. Zostaw to na boku.
- Dynię i warzywa wymieszać na głębokiej patelni z solą, 500 ml wody i kurkumą. Gotuj tę mieszaninę na średnim ogniu przez 10-15 minut. Zostaw to na boku.
- Dodaj mieszaninę jogurtu i zielone chili i gotuj przez 10 minut, często mieszając. Zostaw to na boku.
- Rozgrzej olej na patelni. Dodaj resztę składników. Pozwól im gotować przez 30 sekund.
- Wlać to do mieszanki warzywnej. Dobrze wymieszaj. Gotuj na małym ogniu przez 1-2 minuty.
- Podawać na gorąco.

curry z maślanką

dla 4 osób

Składniki

400 gramów jogurtu

250 ml wody

3 łyżeczki besan*

2 zielone chilli przekrojone wzdłuż

10 liści curry

Dodaj sól do smaku

1 łyżka ghee

½ łyżeczki nasion kminku

6 ząbków czosnku, drobno posiekanych

2 zęby

2 czerwone papryki

szczypta asafetydy

½ łyżeczki kurkumy

1 łyżeczka chili w proszku

2 łyżki posiekanych liści kolendry

metoda

- W garnku dobrze wymieszaj jogurt, wodę i besan. Upewnij się, że nie tworzą się grudki.
- Dodaj zielone chilli, liście curry i sól. Gotuj mieszaninę na małym ogniu przez 5-6 minut, od czasu do czasu mieszając. Zostaw to na boku.
- Podgrzej ghee na patelni. Dodaj nasiona kminku i czosnek. Smaż je przez minutę na średnim ogniu.
- Dodaj goździki, czerwone chilli, asafetydę, kurkumę i chili w proszku. Dobrze wymieszaj. Smaż tę mieszaninę przez 1 minutę.
- Wlać to do śmietany. Gotuj na małym ogniu przez 4-5 minut.
- Udekoruj curry liśćmi kolendry. Podawać na gorąco.

Curry Krem Kalafiorowy

dla 4 osób

Składniki

1 łyżeczka nasion kminku

3 zielone chilli przekrojone wzdłuż

1 cm korzeń imbiru, drobno posiekany

150 g ghee

500 g kalafiora

3 duże ziemniaki pokrojone w kostkę

2 pomidory, drobno posiekane

125 g mrożonego groszku

2 łyżeczki cukru

750 ml / 1¼ litra wody

Dodaj sól do smaku

250 ml / 8 ml płynnego kremu

1 łyżka garam masali

Torebka 25 g/1 uncja Liście kolendry, posiekane

metoda

- Zmiel nasiona kminku, zielone chilli i imbir na pastę. Zostaw to na boku.
- Podgrzej ghee na patelni. Dodać kalafior i ziemniaki. Smażyć je na średnim ogniu, aż uzyskają złoty kolor.
- Dodać kminek i pastę chili. Gotuj przez 2-3 minuty.
- Dodaj pomidory i groszek. Dobrze wymieszaj. Smaż tę mieszaninę przez 3-4 minuty.
- Dodać cukier, wodę, sól i śmietankę. Dobrze wymieszaj. Przykryj pokrywką i gotuj na małym ogniu przez 10-12 minut.
- Posyp curry garam masala i liśćmi kolendry. Podawać na gorąco.

Zastosowanie grochu

(groch masala)

Na 3 porcje

Składniki

1 łyżka oczyszczonego oleju roślinnego

¼ łyżeczki nasion gorczycy

¼ łyżeczki nasion kminku

¼ łyżeczki chili w proszku

¼ łyżeczki garam masali

2 zielone chilli przekrojone wzdłuż

500 g świeżego groszku

2 łyżki wody

Dodaj sól do smaku

1 łyżka świeżo startego kokosa

10 g posiekanych liści kolendry

metoda

- Rozgrzej olej na patelni. Dodaj nasiona gorczycy i kminek. Pozwól im gotować przez 15 sekund.
- Dodaj chili w proszku, garam masala i zielone chilli. Smaż mieszaninę przez minutę na średnim ogniu.
- Dodać groszek, wodę i sól. Dobrze wymieszaj. Gotuj mieszaninę na małym ogniu przez 7-8 minut.
- Udekoruj liśćmi kokosa i kolendrą. Podawać na gorąco.

Witaj Posto

(ziemniaki z makiem)

dla 4 osób

Składniki

2 łyżki oleju musztardowego

1 łyżeczka nasion kminku

4 łyżki maku, zmielonego

4 zielone chilli, posiekane

½ łyżeczki kurkumy

Dodaj sól do smaku

6 ugotowanych i pokrojonych w kostkę ziemniaków

2 łyżki posiekanych liści kolendry

metoda

- Rozgrzej olej na patelni. Dodaj nasiona kminku. Pozwól im gotować przez 15 sekund.
- Dodać zmielony mak, zielone chilli, kurkumę i sól. Smaż mieszaninę przez kilka sekund.
- Dodaj ziemniaki. Dobrze wymieszaj. Smaż mieszaninę przez 3-4 minuty.
- Udekoruj liśćmi kolendry. Podawać na gorąco.

Palak Paneer

(Paneer w sosie szpinakowym)

dla 4 osób

Składniki

1 łyżka oczyszczonego oleju roślinnego

50 g paneera*, w kostkach

1 łyżeczka nasion kminku

1 zielona papryka, przecięta wzdłuż

1 mała cebula, drobno posiekana

200 g szpinaku, ugotowanego na parze i posiekanego

1 łyżeczka soku z cytryny

Cukier do smaku

Dodaj sól do smaku

metoda

- Rozgrzej olej na patelni. Dodaj paneer i smaż na złoty kolor. Odcedź i odłóż na bok.
- Do tego samego oleju dodaj nasiona kminku, zielone chili i cebulę. Smaż je na średnim ogniu, aż cebula stanie się złotobrązowa.
- Dodaj resztę składników. Dobrze wymieszaj mieszaninę. Gotuj przez 5 minut.
- Pozwól tej mieszaninie ostygnąć przez chwilę. Zmiel w robocie kuchennym na grubą pastę.
- Przełożyć na patelnię i dodać podsmażone kawałki paneera. Lekko wymieszaj. Gotuj na małym ogniu przez 3-4 minuty. Podawać na gorąco.

Zabij Paneera

(groszek i paneer)

dla 4 osób

Składniki

1 ½ łyżki ghee

Paneer 250g / 9oz*, rozdrobniony

2 liście laurowe

½ łyżeczki chili w proszku

¼ łyżeczki kurkumy

1 łyżeczka mielonej kolendry

½ łyżeczki mielonego kminku

400 g ugotowanego groszku

2 duże pomidory, blanszowane

5 orzechów nerkowca zmielonych na pastę

2 łyżki jogurtu greckiego

Dodaj sól do smaku

metoda

- Na patelni podgrzej połowę sosu. Dodać kawałki paneera i smażyć na średnim ogniu na złoty kolor. Zostaw to na boku.
- Na patelni rozgrzej pozostałe ghee. Dodaj liście laurowe, chili w proszku, kurkumę, kolendrę i kminek. Pozwól im gotować przez 30 sekund.
- Dodać groszek i pomidory. Gotuj przez 2-3 minuty.
- Dodać pastę z orzechów nerkowca, jogurt, sól i smażone kawałki. Dobrze wymieszaj. Gotuj mieszaninę przez 10 minut, od czasu do czasu mieszając. Podawać na gorąco.

Dahi Karela

(Gorzka tykwa smażona w jogurcie)

dla 4 osób

Składniki

250 g gorzkiej tykwy*, obrane i przekrojone wzdłuż

Dodaj sól do smaku

1 łyżeczka amchoury*

2 łyżki klarowanego oleju roślinnego plus do smażenia

2 duże cebule, posiekane

½ łyżeczki pasty czosnkowej

½ łyżeczki pasty imbirowej

400 gramów jogurtu

1 ½ łyżeczki mielonej kolendry

1 łyżeczka chili w proszku

½ łyżeczki kurkumy

½ łyżki garam masali

250 ml wody

metoda

- Dynię zamarynuj w soli i odstaw na godzinę. Na patelni rozgrzej olej do smażenia. Dodaj dynię. Smażyć na średnim ogniu aż do złotego koloru. Odcedź i odłóż na bok.
- Na patelni rozgrzej 2 łyżki oleju. Dodać cebulę, pastę czosnkową i pastę imbirową. Smażyć na średnim ogniu, aż cebula stanie się złotobrązowa.
- Dodać resztę składników i dynię. Dobrze wymieszaj. Gotuj mieszaninę na małym ogniu przez 7-8 minut. Podawać na gorąco.

Curry pomidorowe z warzywami

dla 4 osób

Składniki

3 łyżki oczyszczonego oleju roślinnego

Szczypta nasion gorczycy

szczypta kminku

szczypta asafetydy

8 liści curry

4 zielone chilli, drobno posiekane

200 g mrożonych warzyw

750 g pomidorów, przecieru

4 łyżki besan*

Dodaj sól do smaku

metoda

- Rozgrzej olej na patelni. Dodaj nasiona gorczycy, kminek, asafetydę, liście curry i chili. Pozwól im gotować przez 15 sekund.
- Dodaj warzywa, koncentrat pomidorowy, besan i sól. Dobrze wymieszaj. Gotuj na małym ogniu przez 8-10 minut, od czasu do czasu mieszając. Podawać na gorąco.

Doodhi z Chaną Dhal

(Tykwa butelkowa w Gram Dhal)

dla 4 osób

Składniki

1 łyżeczka rafinowanego oleju roślinnego

¼ łyżeczki nasion gorczycy

Tykwa butelkowana o wadze 500 g / 1 funt i 2 uncje*, w kostkach

1 łyżka chana dahalu* Namoczyć przez 1 godzinę i odcedzić

2 pomidory, drobno posiekane

szczypta kurkumy

2 łyżeczki brązowego cukru*, mięso mielone

½ łyżeczki chili w proszku

Dodaj sól do smaku

120ml / 4ml wody

10 g posiekanych liści kolendry

metoda

- Rozgrzej olej na patelni. Dodaj nasiona gorczycy. Pozwól im gotować przez 15 sekund.
- Dodać resztę składników oprócz wody i liści kolendry. Dobrze wymieszaj. Gotuj przez 4-5 minut. Dodaj wodę. Gotuj na małym ogniu przez 30 minut.
- Udekoruj liśćmi kolendry. Podawać na gorąco.

Pomidorowy Chi Bhaji*

(Curry Pomidorowe)

dla 4 osób

Składniki

250 g prażonych orzeszków ziemnych

3 zielone papryki

6 dużych pomidorów, blanszowanych i pokrojonych w plasterki

1 ½ łyżki pasty z tamaryndowca

1 łyżka brązowego cukru*, mięso mielone

1 łyżka garam masali

1 łyżeczka mielonego kminku

½ łyżeczki chili w proszku

Dodaj sól do smaku

1 łyżka posiekanych liści kolendry

metoda

- Zmiel orzeszki ziemne i zielone chilli na gładką pastę.
- Wymieszać z pozostałymi składnikami oprócz liści kolendry. Gotuj tę mieszaninę na patelni na średnim ogniu przez 5-6 minut.
- Udekoruj bhaji liśćmi kolendry. Podawać na gorąco.

suszone ziemniaki

dla 4 osób

Składniki

1 łyżka oczyszczonego oleju roślinnego

½ łyżeczki nasion gorczycy

3 zielone chilli przekrojone wzdłuż

8-10 liści curry

¼ łyżeczki asafetydy

¼ łyżeczki kurkumy

Dodaj sól do smaku

500 g ziemniaków, ugotowanych i pokrojonych w kostkę

10 g posiekanych liści kolendry

metoda

- Rozgrzej olej na patelni. Dodaj nasiona gorczycy. Pozwól im gotować przez 15 sekund.
- Dodaj zielone chilli, liście curry, asafetydę, kurkumę i sól. Smaż tę mieszaninę przez minutę na średnim ogniu.

- Dodaj ziemniaki. Dobrze wymieszaj. Przykryj pokrywką i gotuj przez 5 minut.
- Udekoruj mieszankę ziemniaczaną liśćmi kolendry. Podawać na gorąco.

Nadziewane okra

dla 4 osób

Składniki

1 łyżka mielonej kolendry

6 ząbków czosnku

50 g świeżego kokosa, drobno posiekanego

1 cm korzeń imbiru

4 zielone papryki

6 łyżek besan*

1 duża cebula, posiekana

1 łyżeczka mielonego kminku

½ łyżeczki chili w proszku

½ łyżeczki kurkumy

Dodaj sól do smaku

750 g dużej okry, przekrojonej na pół

60 ml / 2 ml oczyszczonego oleju roślinnego

metoda

- Zmiel kolendrę, czosnek, kokos, imbir i zielone chilli na gładką pastę. Wymieszaj tę pastę ze składnikami innymi niż okra i olej.
- Napełnij okrę tą mieszanką.
- Rozgrzej olej na patelni. Dodaj nadziewaną okrę. Smażyć na średnim ogniu na złoty kolor, od czasu do czasu obracając. Podawać na gorąco.

Okra Massala

dla 4 osób

Składniki

2 łyżki rafinowanego oleju roślinnego

2 ząbki drobno posiekanego czosnku

½ łyżeczki chili w proszku

¼ łyżeczki kurkumy

½ łyżeczki mielonej kolendry

½ łyżeczki mielonego kminku

600 g/1 funt 5 uncji okra, mielona

Dodaj sól do smaku

metoda

- Rozgrzej olej na patelni. Dodaj czosnek. Smażyć na średnim ogniu aż do złotego koloru. Dodaj resztę składników oprócz okry i soli. Dobrze wymieszaj. Smaż tę mieszaninę przez 1-2 minuty.
- Dodaj okrę i sól. Gotuj mieszaninę na małym ogniu przez 3-4 minuty. Podawać na gorąco.

Simla zabija

(Cury z zielonego pieprzu i groszku)

dla 4 osób

Składniki

2 łyżki rafinowanego oleju roślinnego

3 małe cebule, posiekane

2 zielone chilli, drobno posiekane

1 łyżka pasty imbirowej

1 łyżeczka pasty czosnkowej

2 duże zielone papryki, pokrojone w kostkę

600 g mrożonego groszku

250 ml wody

Dodaj sól do smaku

1 łyżka świeżo startego kokosa

½ łyżeczki mielonego cynamonu

metoda

- Rozgrzej olej na patelni. Dodaj cebulę. Smażyć je na średnim ogniu, aż uzyskają złoty kolor.
- Dodaj zielone chilli, pastę imbirową i pastę czosnkową. Gotuj przez 1-2 minuty.
- Dodać paprykę i groszek. Kontynuuj smażenie przez 5 minut.
- Dodaj wodę i sól. Dobrze wymieszaj. Przykryj pokrywką i gotuj na małym ogniu przez 8-10 minut.
- Udekoruj kokosem i cynamonem. Podawać na gorąco.

fasolki

dla 4 osób

Składniki

3 łyżki oczyszczonego oleju roślinnego

¼ łyżeczki nasion kminku

¼ łyżeczki kurkumy

½ łyżeczki chili w proszku

1 łyżeczka mielonej kolendry

1 łyżeczka mielonego kminku

1 łyżeczka cukru

Dodaj sól do smaku

500 g zielonej fasolki, posiekanej

120ml / 4ml wody

metoda

- Rozgrzej olej na patelni. Dodaj nasiona kminku i kurkumę. Pozwól im gotować przez 15 sekund.
- Dodać pozostałe składniki oprócz wody. Dobrze wymieszaj.
- Dodaj wodę. Przykryj pokrywką. Gotuj na małym ogniu przez 10-12 minut. Podawać na gorąco.

Bęben Masala

dla 4 osób

Składniki

2 łyżki rafinowanego oleju roślinnego

2 małe cebule, posiekane

½ łyżeczki pasty imbirowej

1 drobno pokrojony pomidor

1 zielona papryka, drobno posiekana

1 łyżeczka mielonego kminku

1 łyżeczka mielonej kolendry

½ łyżeczki kurkumy

¾ łyżeczki chili w proszku

4 indyjskie baterie*, pokroić na 5 cm kawałki

Dodaj sól do smaku

250 ml wody

1 łyżka posiekanych liści kolendry

metoda

- Rozgrzej olej na patelni. Dodać cebulę i pastę imbirową. Smaż je na średnim ogniu, aż cebula stanie się przezroczysta.
- Dodać resztę składników oprócz wody i liści kolendry. Dobrze wymieszaj. Piec przez 5 minut. Dodaj wodę. Dobrze wymieszaj. Przykryj pokrywką. Gotuj na małym ogniu przez 10-15 minut.
- Udekoruj paluszki masala liśćmi kolendry. Podawać na gorąco.

Pikantny suszony ziemniak

dla 4 osób

Składniki

750 g ziemniaków, ugotowanych i pokrojonych w kostkę

½ łyżeczki chai masali*

½ łyżeczki chili w proszku

¼ łyżeczki kurkumy

3 łyżki oczyszczonego oleju roślinnego

1 łyżka białego sezamu

2 suszone czerwone papryki, pokrojone na ćwiartki

Dodaj sól do smaku

½ łyżeczki mielonego kminku, prażonego na sucho

10 g posiekanych liści kolendry

Sok z ½ cytryny

metoda

- Wymieszaj ziemniaki z chaat masala, chili w proszku i kurkumą, aż przyprawy pokryją ziemniaki. Zostaw to na boku.
- Rozgrzej olej na patelni. Dodaj nasiona sezamu i czerwone chili. Pozwól im gotować przez 15 sekund.
- Dodaj ziemniaki i sól. Dobrze wymieszaj. Gotuj na małym ogniu przez 7-8 minut. Posyp na nim resztę składników. Podawać na gorąco.

Khatte Palak

(pikantny szpinak)

dla 4 osób

Składniki

3 łyżki oczyszczonego oleju roślinnego

1 duża cebula, posiekana

½ łyżeczki pasty imbirowej

½ łyżeczki pasty czosnkowej

400 g drobno posiekanego szpinaku

2 zielone chilli, drobno posiekane

½ łyżeczki kurkumy

1 łyżeczka mielonego kminku

Dodaj sól do smaku

125 g ubitego jogurtu

metoda

- Rozgrzej olej na patelni. Dodać cebulę, pastę imbirową i pastę czosnkową. Smażyć tę mieszaninę na średnim ogniu, aż cebula stanie się półprzezroczysta.
- Dodać pozostałe składniki oprócz jogurtu. Dobrze wymieszaj. Gotuj na małym ogniu przez 7-8 minut.
- Dodaj jogurt. Dobrze wymieszaj. Gotuj na małym ogniu przez 4-5 minut. Podawać na gorąco.

Mieszanka warzywna trzy w jednym

dla 4 osób

Składniki

4 łyżki oczyszczonego oleju roślinnego

¼ łyżeczki nasion gorczycy

¼ łyżeczki nasion kozieradki

300 g okry pokrojonej w kostkę

2 zielone papryki, obrane i posiekane

2 pomidory, drobno posiekane

2 duże ogórki, pokrojone na kawałki

½ łyżeczki chili w proszku

¼ łyżeczki kurkumy

Dodaj sól do smaku

metoda

- Rozgrzej olej na patelni. Dodaj nasiona gorczycy i kozieradkę. Pozwól im gotować przez 15 sekund.
- Dodaj okrę. Gotuj na średnim ogniu przez 7 minut. Dodaj resztę składników. Dobrze wymieszaj. Gotuj na małym ogniu przez 5-6 minut. Podawać na gorąco.

Ziemniaki w śmietanie

dla 4 osób

Składniki

120ml / 4ml wody

3 łyżki oczyszczonego oleju roślinnego

1 łyżeczka nasion kminku

1 łyżka nasion gorczycy

1 cm korzeń imbiru, drobno posiekany

2 ząbki czosnku, posiekane

3 duże ugotowane i starte ziemniaki

200 g ubitego jogurtu

¼ łyżeczki mąki pełnoziarnistej

1 łyżeczka soli

Na mieszankę przypraw:

1 łyżeczka chili w proszku

½ łyżeczki mielonej kolendry

¼ łyżeczki kurkumy

¼ łyżeczki garam masali

szczypta asafetydy

metoda

- Składniki mieszanki ziołowej wymieszać z połową wody. Zostaw to na boku.
- Rozgrzej olej na patelni. Dodaj kminek i nasiona gorczycy. Pozwól im gotować przez 15 sekund. Dodaj imbir i czosnek. Smaż je przez minutę na średnim ogniu.
- Dodaj mieszankę przypraw i wszystkie pozostałe składniki. Dobrze wymieszaj. Gotuj na małym ogniu przez 10-12 minut. Podawać na gorąco.

Kele ki Bhaji

(Cury z zielonych bananów)

dla 4 osób

Składniki

6 zielonych bananów, obranych i pokrojonych na kawałki o grubości 2,5 cm

Dodaj sól do smaku

3 łyżki oczyszczonego oleju roślinnego

1 duża cebula, pokrojona w cienkie plasterki

2 ząbki czosnku, posiekane

2-3 zielone chilli przekrojone wzdłuż

1 cm korzeń imbiru

1 łyżeczka kurkumy

½ łyżeczki nasion kminku

½ świeżego kokosa, startego

metoda

- Banany namoczyć na godzinę w zimnej, osolonej wodzie. Odcedź i odłóż na bok.

- Rozgrzej olej na patelni. Dodaj cebulę, czosnek, zielone chili i imbir. Smaż je na średnim ogniu, aż cebula stanie się złotobrązowa.

- Dodać banany i kurkumę, kminek i sól. Dobrze wymieszaj. Przykryj pokrywką i gotuj na małym ogniu przez 5-6 minut.

- Dodać kokos, delikatnie wymieszać i smażyć 2-3 minuty. Podawać na gorąco.

koko kathal

(Zielony jackfruit z kokosem)

dla 4 osób

Składniki

500 g / 1 funt i 2 uncje zielonych owoców*, obrane i pokrojone

500ml / 16ml wody

Dodaj sól do smaku

100 ml / 3½ ml oleju musztardowego

2 liście laurowe

1 łyżeczka nasion kminku

1 łyżka pasty imbirowej

250 ml / 8 ml mleka kokosowego

Cukier do smaku

Dla ziół:

75 g ghee

1cm cynamonu

4 zielone strąki kardamonu

1 łyżeczka chili w proszku

2 zielone chilli przekrojone wzdłuż

metoda

- Wymieszaj kawałki jackfruit z wodą i solą. Gotuj tę mieszaninę na patelni na średnim ogniu przez 30 minut. Odcedź i odłóż na bok.

- Na patelni rozgrzej olej musztardowy. Dodaj liście laurowe i nasiona kminku. Pozwól im gotować przez 15 sekund.

- Dodaj pastę z jackfruit i imbiru, mleko kokosowe i cukier. Gotuj przez 3-4 minuty, ciągle mieszając. Zostaw to na boku.

- Podgrzej ghee na patelni. Dodaj zioła. Gotuj przez 30 sekund.

- Wlać tę mieszaninę na mieszankę jackfruit. Podawać na gorąco.

Pikantne plastry deserowe

dla 4 osób

Składniki

500 g / 1 funt 2 uncje

1 średnia cebula

1 łyżka pasty imbirowej

1 łyżeczka pasty czosnkowej

1 łyżeczka chili w proszku

1 łyżeczka mielonej kolendry

4 zęby

1cm cynamonu

4 zielone strąki kardamonu

½ łyżeczki pieprzu

50 g liści kolendry

50 g liści mięty

Dodaj sól do smaku

Rafinowany olej roślinny do smażenia

metoda

- Makaron obierz i pokrój w plastry o grubości 1 cm. Paruj przez 5 minut. Zostaw to na boku.

- Pozostałe składniki oprócz oleju zmiksować na gładką pastę.

- Rozsmaruj ciasto po obu stronach plasterków ciasta.

- Rozgrzej olej na patelni z powłoką nieprzywierającą. Dodaj plasterki deserowe. Smażymy z obu stron do chrupkości, brzegi dodajemy odrobinę oleju. Podawać na gorąco.

dżem masala

dla 4 osób

Składniki

400 g, obranych i pokrojonych w kostkę

750 ml / 1¼ litra wody

Dodaj sól do smaku

3 łyżki oczyszczonego oleju roślinnego

¼ nasion gorczycy

2 całe czerwone papryczki chili, drobno posiekane

¼ łyżeczki kurkumy

¼ łyżeczki mielonego kminku

1 łyżeczka mielonej kolendry

3 łyżki orzeszków ziemnych, grubo posiekanych

metoda

- Nasiona gotuj w wodzie i soli na patelni przez 30 minut. Odcedź i odłóż na bok.

- Rozgrzej olej na patelni. Dodaj nasiona gorczycy i kawałki czerwonej papryki. Pozwól im gotować przez 15 sekund.

- Dodać resztę składników i dojrzałe owoce. Dobrze wymieszaj. Gotuj na małym ogniu przez 7-8 minut. podawać na gorąco

Masala z buraków

dla 4 osób

Składniki

2 łyżki rafinowanego oleju roślinnego

3 małe cebule, posiekane

½ łyżeczki pasty imbirowej

½ łyżeczki pasty czosnkowej

3 zielone chilli przekrojone wzdłuż

3 buraki, obrane i pokrojone w plasterki

¼ łyżeczki kurkumy

1 łyżeczka mielonej kolendry

¼ łyżeczki garam masali

Dodaj sól do smaku

125 g przecieru pomidorowego

1 łyżka posiekanych liści kolendry

metoda

- Rozgrzej olej na patelni. Dodaj cebulę. Smaż je na średnim ogniu, aż staną się półprzezroczyste.

- Dodaj pastę imbirową, pastę czosnkową i zielone chilli. Gotuj na małym ogniu przez 2-3 minuty.

- Dodać buraki, kurkumę, mieloną kolendrę, garam masala, sól i koncentrat pomidorowy. Dobrze wymieszaj. Gotuj przez 7-8 minut. Udekoruj liśćmi kolendry. Podawać na gorąco.

Masala z kiełków fasoli

dla 4 osób

Składniki

2 łyżki rafinowanego oleju roślinnego

3 małe cebule, posiekane

4 zielone chilli, drobno posiekane

1 cm korzeń imbiru, drobno posiekany

8 ząbków czosnku, drobno posiekanych

¼ łyżeczki kurkumy

1 łyżeczka mielonej kolendry

2 pomidory, drobno posiekane

200 g kiełków fasoli mung, ugotowanej na parze

Dodaj sól do smaku

1 łyżka posiekanych liści kolendry

metoda

- Rozgrzej olej na patelni. Dodaj cebulę, zielone chili, imbir i czosnek. Smażyć mieszaninę na średnim ogniu, aż cebula stanie się złotobrązowa.

- Dodać pozostałe składniki oprócz liści kolendry. Dobrze wymieszaj. Gotuj mieszaninę na małym ogniu przez 8-10 minut, od czasu do czasu mieszając.

- Udekoruj liśćmi kolendry. Podawać na gorąco.

Mircha Masala

(ostry zielony pieprz)

dla 4 osób

Składniki

100 g posiekanego szpinaku

10 g posiekanych liści kozieradki

Torebka 25 g/1 uncja Liście kolendry, posiekane

3 zielone chilli przekrojone wzdłuż

60 ml wody

3 ½ łyżki rafinowanego oleju roślinnego

2 łyżki besanu*

1 duży ziemniak, ugotowany i starty

¼ łyżeczki kurkumy

2 łyżki mielonej kolendry

½ łyżeczki chili w proszku

Dodaj sól do smaku

8 małych zielonych papryczek pozbawionych nasion i nasion

1 duża cebula, posiekana

2 pomidory, drobno posiekane

metoda

- Wymieszaj szpinak, kozieradkę, liście kolendry i chili w wodzie. Gotuj mieszaninę na parze przez 15 minut. Odcedź i zmiel tę mieszaninę na pastę.

- Na patelni rozgrzej połowę oleju. Dodać besan, ziemniaki, kurkumę, mieloną kolendrę, chili w proszku, sól i pastę szpinakową. Dobrze wymieszaj. Smaż tę mieszaninę przez 3-4 minuty na średnim ogniu. Zdjąć z ognia.

- Wypełnij tę mieszankę zielonymi chilli.

- Na patelni rozgrzej ½ łyżki oleju. Dodać faszerowaną paprykę. Smaż je na średnim ogniu przez 7-8 minut, od czasu do czasu obracając. Zostaw to na boku.

- Na patelni rozgrzej pozostały olej. Dodaj cebulę. Smażyć na średnim ogniu aż do złotego koloru. Dodać pomidory i smażoną faszerowaną paprykę. Dobrze wymieszaj. Przykryj pokrywką i gotuj na małym ogniu przez 4-5 minut. Podawać na gorąco.

pomidorowe kadhi

(Pomidory w sosie z mąki gramowej)

dla 4 osób

Składniki

2 łyżki besanu*

120ml / 4ml wody

3 łyżki oczyszczonego oleju roślinnego

½ łyżeczki nasion gorczycy

½ łyżeczki nasion kozieradki

½ łyżeczki nasion kminku

2 zielone chilli przekrojone wzdłuż

8 liści curry

1 łyżeczka chili w proszku

2 łyżeczki cukru

150 g mrożonych warzyw

Dodaj sól do smaku

8 pomidorów, blanszowanych i puree

2 łyżki posiekanych liści kolendry

metoda

- Wymieszaj besan z wodą, aby uzyskać gładką pastę. Zostaw to na boku.

- Rozgrzej olej na patelni. Dodaj musztardę, nasiona kozieradki i kminku, zielone chilli, liście curry, chili w proszku i cukier. Pozwól im gotować przez 30 sekund.

- Dodaj warzywa i sól. Smaż mieszaninę przez minutę na średnim ogniu.

- Dodaj przecier pomidorowy. Dobrze wymieszaj. Gotuj mieszaninę na małym ogniu przez 5 minut.

- Dodaj pastę besan. Gotuj przez kolejne 3-4 minuty.

- Udekoruj kadhi liśćmi kolendry. Podawać na gorąco.

warzywne kolhapuri

(Pikantna Mieszanka Warzywa)

dla 4 osób

Składniki

200 g mrożonych warzyw

125 g mrożonego groszku

500ml / 16ml wody

2 czerwone papryki

Korzeń imbiru 2,5 cm

8 ząbków czosnku

2 zielone papryki

50 g posiekanych liści kolendry

3 łyżki oczyszczonego oleju roślinnego

3 małe cebule, posiekane

3 pomidory, drobno posiekane

¼ łyżeczki kurkumy

¼ łyżeczki mielonej kolendry

Dodaj sól do smaku

metoda

- Warzywa i groszek wymieszać z wodą. Gotuj mieszaninę w rondlu na średnim ogniu przez 10 minut. Zostaw to na boku.

- Zmiel czerwone chilli, imbir, czosnek, zielone chilli i liście kolendry na drobną pastę.

- Rozgrzej olej na patelni. Dodaj mielony imbir i pastę z czerwonego chili oraz cebulę. Smaż mieszaninę przez 2 minuty na średnim ogniu.

- Dodać pomidory, kurkumę, mieloną kolendrę i sól. Smaż tę mieszaninę przez 2-3 minuty, od czasu do czasu mieszając.

- Dodaj ugotowane warzywa. Dobrze wymieszaj. Przykryj pokrywką i gotuj mieszaninę na małym ogniu przez 5-6 minut, często mieszając.

- Podawać na gorąco.

Undhiyu

(Gudżarati mieszanka warzyw z makaronem)

dla 4 osób

Składniki

2 duże ziemniaki, obrane

250 g posiekanej fasoli

1 zielony banan, obrany

20 g naleśnika, obranego

2 małe bakłażany

60 g / 2 uncje świeżo startego kokosa

8 ząbków czosnku

2 zielone papryki

Korzeń imbiru 2,5 cm

100 g posiekanych liści kolendry

Dodaj sól do smaku

60 ml / 2 ml oz ekstra rafinowanego oleju roślinnego do smażenia

szczypta asafetydy

½ łyżeczki nasion gorczycy

250 ml wody

dla Muthii:

60 g fasoli*

Torba 25 g/1 uncja świeżych liści kozieradki, posiekanych

½ łyżeczki pasty imbirowej

2 zielone chilli, drobno posiekane

metoda

- Pokrój ziemniaki, fasolę, banany, ziemniaki i bakłażany. Zostaw to na boku.
- Zmiel kokos, czosnek, zielone chilli, imbir i liście kolendry na pastę. Wymieszaj tę pastę z posiekanymi warzywami i solą. Zostaw to na boku.
- Wymieszaj wszystkie składniki muthii. Mieszamy masę aż do uzyskania twardego ciasta. Ciasto podzielić na kulki wielkości orzecha włoskiego.
- Na patelni rozgrzej olej do smażenia. Więcej muthiasów. Smażyć je na średnim ogniu, aż uzyskają złoty kolor. Odcedź i odłóż na bok.
- Na patelni rozgrzej pozostały olej. Dodaj asafetydę i nasiona gorczycy. Pozwól im gotować przez 15 sekund.
- Dodaj wodę, muthia i mieszankę warzywną. Dobrze wymieszaj. Przykryć i dusić przez 20 minut, od czasu do czasu mieszając. Podawać na gorąco.

Bananowe Kofta Curry

dla 4 osób

Składniki
Dla Kofty:

2 zielone banany, ugotowane i obrane

2 duże ugotowane i obrane ziemniaki

3 zielone chilli, drobno posiekane

1 duża cebula, posiekana

1 łyżka posiekanych liści kolendry

1 łyżka kot*

½ łyżeczki chili w proszku

Dodaj sól do smaku

ghee do smażenia

Dla koguta:

75 g ghee

1 duża cebula, posiekana

10 ząbków czosnku, drobno posiekanych

1 łyżka mielonej kolendry

1 łyżka garam masali

2 pomidory, drobno posiekane

3 liście curry

Dodaj sól do smaku

250 ml wody

½ łyżki posiekanych liści kolendry

metoda

- Zetrzyj banany i ziemniaki.
- Wymieszaj z innymi składnikami kofty z wyjątkiem ghee. Ugniataj tę mieszaninę, aż uzyskasz twarde ciasto. Ciasto podzielić na kulki wielkości orzecha włoskiego na koftę.
- Na patelni rozgrzej ghee do smażenia. Dodaj kofty. Smażyć je na średnim ogniu, aż uzyskają złoty kolor. Odcedź i odłóż na bok.
- Jeśli chcesz przygotować curry, podgrzej ghee na patelni. Dodaj cebulę i czosnek. Smażyć na średnim ogniu, aż cebula stanie się przezroczysta. Dodaj mieloną kolendrę i garam masala. Gotuj przez 2-3 minuty.
- Dodać pomidory, liście curry, sól i wodę. Dobrze wymieszaj. Gotuj mieszaninę przez 15 minut, od czasu do czasu mieszając.
- Dodaj smażone kofty. Przykryj pokrywką i gotuj na małym ogniu przez 2-3 minuty.
- Udekoruj liśćmi kolendry. Podawać na gorąco.

Gorzka tykwa z cebulą

dla 4 osób

Składniki

500 g gorzkiej tykwy*

Dodaj sól do smaku

750 ml / 1¼ litra wody

4 łyżki oczyszczonego oleju roślinnego

½ łyżeczki nasion kminku

½ łyżeczki nasion gorczycy

szczypta asafetydy

½ łyżeczki pasty imbirowej

½ łyżeczki pasty czosnkowej

2 duże cebule, posiekane

½ łyżeczki kurkumy

1 łyżeczka chili w proszku

1 łyżeczka mielonego kminku

1 łyżeczka mielonej kolendry

1 łyżeczka cukru

Sok z 1 cytryny

1 łyżka posiekanych liści kolendry

metoda

- Obierz dynie i pokrój je w cienkie plasterki. Wyrzuć nasiona.
- Gotuj je z solą i wodą na patelni na średnim ogniu przez 5-7 minut. Zdjąć z ognia, odcedzić i odcedzić, odstawić.
- Rozgrzej olej na patelni. Dodaj kminek i nasiona gorczycy. Pozwól im gotować przez 15 sekund.
- Dodać asafetydę, pastę imbirową i pastę czosnkową. Smaż mieszaninę przez minutę na średnim ogniu.
- Dodaj cebulę. Smaż je przez 2-3 minuty.
- Dodać kurkumę, chili w proszku, mielony kminek i mieloną kolendrę. Dobrze wymieszaj.

- Dodać dynię, cukier i sok z cytryny. Dobrze wymieszaj. Przykryj pokrywką i gotuj mieszaninę na małym ogniu przez 6-7 minut, często mieszając.
- Udekoruj liśćmi kolendry. Podawać na gorąco.

Sukha Khatta Chana

(suszona gorzka ciecierzyca)

dla 4 osób

Składniki

4 ziarna czarnego pieprzu

2 zęby

Cynamon 2,5 cm / 1 cal

½ łyżeczki nasion kolendry

½ łyżeczki nasion czarnego kminku

½ łyżeczki nasion kminku

500 g ciecierzycy namoczonej przez noc

Dodaj sól do smaku

1 litr / 1¾ litra wody

1 łyżka suszonych nasion granatu

Dodaj sól do smaku

1 cm korzeń imbiru, posiekany

1 zielona papryczka chili, zmielona

2 łyżki pasty z tamaryndowca

2 łyżki ghee

1 mały ziemniak, pokrojony w kostkę

1 drobno pokrojony pomidor

metoda

- Aby przygotować mieszankę przypraw, zmiel ziarna pieprzu, goździki, cynamon, kolendrę, nasiona czarnuszki i nasiona kminku na drobny proszek. Zostaw to na boku.
- Ciecierzycę wymieszaj z solą i wodą. Gotuj tę mieszaninę na patelni na średnim ogniu przez 45 minut. Zostaw to na boku.
- Pestki granatu prażymy na patelni na średnim ogniu przez 2-3 minuty. Zdejmij z ognia i zmiel na proszek. Wymieszaj z solą i ponownie smaż mieszaninę przez 5 minut. Przełożyć na patelnię.
- Dodaj imbir, zielone chilli i pastę z tamaryndowca. Gotuj tę mieszaninę przez 4-5 minut na średnim ogniu. Dodaj zmieloną mieszankę przypraw. Dobrze wymieszaj i zarezerwuj.
- Na innej patelni rozgrzej ghee. Dodaj ziemniaki. Smażyć je na średnim ogniu, aż uzyskają złoty kolor.
- Do ugotowanej ciecierzycy dodajemy ziemniaki. Dodaj także mieszankę tamaryndowca i zmielone przyprawy.
- Dobrze wymieszaj i gotuj na małym ogniu przez 5-6 minut.

Bharwana Kareli

(nadziewana gorzka tykwa)

dla 4 osób

Składniki

500 g / 1 funt i 2 uncje małych, gorzkich tykw*

Dodaj sól do smaku

1 łyżeczka kurkumy

Rafinowany olej roślinny do smażenia

Do wypełnienia:

5-6 zielonych chilli

Korzeń imbiru 2,5 cm

12 ząbków czosnku

3 małe cebule

1 łyżka oczyszczonego oleju roślinnego

4 duże ziemniaki, ugotowane i starte

½ łyżeczki kurkumy

½ łyżeczki chili w proszku

1 łyżeczka mielonego kminku

1 łyżeczka mielonej kolendry

szczypta asafetydy

Dodaj sól do smaku

metoda

- Obierz gorzką tykwę. Ostrożnie przetnij wzdłuż, pozostawiając końcówki nienaruszone. Usuń nasiona i miąższ, wyrzuć. Natrzyj sól i kurkumę na zewnętrznej skórze. Odstaw je na 4-5 godzin.
- Do nadzienia zmiel chili, imbir, czosnek i cebulę na pastę. Zostaw to na boku.
- Na patelni rozgrzej 1 łyżkę oleju. Dodać cebulę, imbir i pastę czosnkową. Smażyć na średnim ogniu przez 2-3 minuty.
- Dodać resztę składników nadzienia. Dobrze wymieszaj. Smaż mieszaninę przez 3-4 minuty na średnim ogniu.
- Zdjąć z ognia i pozostawić mieszaninę do ostygnięcia. Napełnij dynie tą mieszanką. Każdą dynię obwiąż sznurkiem, aby nadzienie nie opadało podczas gotowania.
- Na patelni rozgrzej olej do smażenia. Dodaj nadziewaną dynię. Smażyć na średnim ogniu aż do uzyskania złotego koloru i chrupkości, regularnie obracając.
- Usuń gorzką tykwę i wyrzuć nitki. Podawać na gorąco.

Curry z kapustą Kofta

(Piórka z kapustą w sosie)

dla 4 osób

Składniki

1 duża kapusta, posiekana

250 g besan*

Dodaj sól do smaku

Rafinowany olej roślinny do smażenia

2 łyżki liści kolendry do dekoracji

Na sos:

3 łyżki oczyszczonego oleju roślinnego

3 liście laurowe

1 czarny kardamon

1cm cynamonu

1 ząb

1 duża cebula

drobno posiekane

1-calowy korzeń imbiru, zwiędły

3 pomidory, drobno posiekane

1 łyżeczka mielonej kolendry

1 łyżeczka mielonego kminku

Dodaj sól do smaku

250 ml wody

metoda

- Kapustę, besan i sól ugotuj, aż uzyskasz miękkie ciasto. Ciasto podzielić na kulki wielkości orzecha włoskiego.
- Rozgrzej olej na patelni. Dodaj kulki. Smażyć je na średnim ogniu, aż uzyskają złoty kolor. Odcedź i odłóż na bok.
- Aby przygotować sos, na patelni rozgrzej olej. Dodać liście laurowe, kardamon, cynamon i goździki. Pozwól im gotować przez 30 sekund.
- Dodaj cebulę i imbir. Smaż tę mieszaninę na średnim ogniu, aż cebula stanie się półprzezroczysta.
- Dodać pomidory, mieloną kolendrę i kminek. Dobrze wymieszaj. Gotuj przez 2-3 minuty.
- Dodaj sól i wodę. Krótko zamieszaj. Przykryj pokrywką i gotuj na małym ogniu przez 5 minut.
- Otwórz patelnię i dodaj kulki kofta. Gotuj przez kolejne 5 minut, od czasu do czasu mieszając.
- Udekoruj liśćmi kolendry. Podawać na gorąco.

ananas goju

(pikantny kompot ananasowy)

dla 4 osób

Składniki

3 łyżki oczyszczonego oleju roślinnego

250 ml wody

1 łyżka nasion gorczycy

6 posiekanych liści curry

szczypta asafetydy

½ łyżeczki kurkumy

Dodaj sól do smaku

400 g posiekanego ananasa

Na mieszankę przypraw:

4 łyżki świeżo startego kokosa

3 zielone papryki

2 czerwone papryki

½ łyżeczki nasion kopru włoskiego

½ łyżeczki nasion kozieradki

1 łyżeczka nasion kminku

2 łyżki nasion kolendry

1 mała pęczek liści kolendry

1 ząb

2-3 papryki

metoda

- Wszystkie składniki mieszanki przypraw wymieszać.
- Na patelni rozgrzej 1 łyżkę oleju. Dodaj mieszankę przypraw. Smaż na średnim ogniu przez 1-2 minuty, często mieszając. Zdjąć z ognia i zmiksować połowę wody na gładką pastę. Zostaw to na boku.
- Na patelni rozgrzej pozostały olej. Dodaj nasiona gorczycy i liście curry. Pozwól im gotować przez 15 sekund.
- Dodać asafetydę, kurkumę i sól. Po prostu upiecz.
- Dodać ananasa, pastę przyprawową i resztę wody. Dobrze wymieszaj. Przykryj pokrywką i gotuj na małym ogniu przez 8-12 minut. Podawać na gorąco.

goju gorzka tykwa

(przyprawione puree z gorzkiej tykwy)

dla 4 osób

Składniki

Dodaj sól do smaku

4 duże gorzkie tykwy*, obrane, przekrojone wzdłuż, pozbawione nasion i pokrojone w plasterki

6 łyżek oczyszczonego oleju roślinnego

1 łyżka nasion gorczycy

8-10 liści curry

1 duża cebula, posiekana

3-4 ząbki czosnku, drobno posiekane

2 łyżeczki chili w proszku

1 łyżeczka mielonego kminku

½ łyżeczki kurkumy

1 łyżeczka mielonej kolendry

2 łyżeczki proszku sambhar*

2 łyżeczki świeżego kokosa, startego

1 łyżka nasion kozieradki, uprażonych na sucho i zmielonych

2 łyżeczki białego sezamu, uprażonego na sucho i zmielonego

2 łyżki brązowego cukru*, stopiony

½ łyżeczki pasty z tamaryndowca

250 ml wody

szczypta asafetydy

metoda

- Nacieramy plasterki dyni solą. Umieść je w misce i przykryj folią aluminiową. Pozostaw na 30 minut. Wyciśnij nadmiar wilgoci.
- Na patelni rozgrzej połowę oleju. Dodaj gorzką tykwę. Smażyć je na średnim ogniu, aż uzyskają złoty kolor. Zostaw to na boku.
- Na drugiej patelni rozgrzej resztę oleju. Dodaj nasiona gorczycy i liście curry. Pozwól im gotować przez 15 sekund.
- Dodaj cebulę i czosnek. Smażyć tę mieszaninę na średnim ogniu, aż cebula stanie się złotobrązowa.
- Dodaj chili w proszku, mielony kminek, kurkumę, mieloną kolendrę, sambhar w proszku i kokos. Gotuj przez 2-3 minuty.
- Dodać pozostałe składniki oprócz wody i asafetydy. Gotuj przez kolejną minutę.
- Dodać usmażoną gorzką tykwę, trochę soli i wody. Dobrze wymieszaj. Przykryj pokrywką i gotuj na małym ogniu przez 12-15 minut.
- Dodaj asafetydę. Dobrze wymieszaj. Podawać na gorąco.

Baingan Mirchi ma Salana

(Bakłażan i Chili)

dla 4 osób

Składniki

6 całych zielonych papryczek

4 łyżki oczyszczonego oleju roślinnego

600 g małego bakłażana pokrojonego w ćwiartki

4 zielone papryki

1 łyżeczka nasion sezamu

10 orzechów nerkowca

20-25 orzeszków ziemnych

5 ziaren czarnego pieprzu

¼ łyżeczki nasion kozieradki

¼ łyżeczki nasion gorczycy

1 łyżka pasty imbirowej

1 łyżeczka pasty czosnkowej

1 łyżeczka mielonej kolendry

1 łyżeczka mielonego kminku

½ łyżeczki kurkumy

125 g jogurtu

2 łyżki pasty z tamaryndowca

3 całe czerwone papryki

Dodaj sól do smaku

1 litr / 1¾ litra wody

metoda

- Usuń nasiona i pokrój zieloną paprykę w długie paski.
- Na patelni rozgrzej 1 łyżkę oleju. Dodaj zielone chilli i smaż na średnim ogniu przez 1-2 minuty. Zostaw to na boku.
- Na drugiej patelni rozgrzej 2 łyżki oleju. Dodaj bakłażana i zieloną paprykę. Smażyć na średnim ogniu przez 2-3 minuty. Zostaw to na boku.
- Rozgrzej patelnię i praż nasiona sezamu, orzechy nerkowca, orzeszki ziemne i pieprz przez 1-2 minuty na średnim ogniu. Zdejmij masę z ognia i pokrój masę na duże kawałki.
- Na patelni rozgrzej pozostały olej. Dodać nasiona kozieradki, nasiona gorczycy, pastę imbirową, pastę czosnkową, mieloną kolendrę, mielony kminek, kurkumę i nasiona sezamu oraz mieszankę orzechów nerkowca. Smażyć na średnim ogniu przez 2-3 minuty.
- Dodaj smażoną zieloną paprykę, smażony bakłażan i inne składniki. Gotuj na małym ogniu przez 10-12 minut.
- Podawać na gorąco.

kurczak z warzywami

dla 4 osób

Składniki

750 g/1 funt 10 uncji kurczaka, pokrojonego na 8 kawałków

50 g drobno posiekanego szpinaku

Torba 25 g/1 uncja świeżych liści kozieradki, posiekanych

100 g posiekanych liści kolendry

50 g posiekanych liści mięty

6 zielonych chilli, drobno posiekanych

120 ml / 4 ml oczyszczonego oleju roślinnego

2-3 duże cebule, pokrojone w cienkie plasterki

Dodaj sól do smaku

metoda

- Wszystkie składniki na marynatę wymieszać. Marynuj kurczaka w tej mieszance przez godzinę.
- Zmiel szpinak, liście kozieradki, liście kolendry i liście mięty z zielonymi chilli na gładką pastę. Wymieszaj tę pastę z marynowanym kurczakiem. Zostaw to na boku.
- Rozgrzej olej na patelni. Dodaj cebulę. Smażyć je na średnim ogniu, aż uzyskają złoty kolor.

- Dodaj mieszaninę kurczaka i sól. Dobrze wymieszaj. Przykryj pokrywką i gotuj przez 40 minut, od czasu do czasu mieszając. Podawać na gorąco.

Na marynatę:

1 łyżka garam masali

1 łyżeczka mielonej kolendry

1 łyżeczka mielonego kminku

200 g jogurtu

¼ łyżeczki kurkumy

1 łyżeczka chili w proszku

1 łyżka pasty imbirowej

1 łyżeczka pasty czosnkowej

Kurczak tikka masala

dla 4 osób

Składniki

200 g jogurtu

½ łyżki pasty imbirowej

½ łyżki pasty czosnkowej

Odrobina pomarańczowego barwnika spożywczego

2 łyżki rafinowanego oleju roślinnego

500 g kurczaka bez kości, pokrojonego na małe kawałki

1 łyżka masła

6 posiekanych pomidorów

2 duże cebule

½ łyżeczki pasty imbirowej

½ łyżeczki pasty czosnkowej

½ łyżeczki kurkumy

1 łyżka garam masali

1 łyżeczka chili w proszku

Dodaj sól do smaku

1 łyżka posiekanych liści kolendry

metoda

- Aby przygotować marantę, wymieszaj jogurt, pastę imbirową, pastę czosnkową, barwnik spożywczy i 1 łyżkę oleju. Marynuj kurczaka w tej mieszance przez 5 godzin.
- Grilluj marynowanego kurczaka przez 10 minut. Zostaw to na boku.
- Na patelni rozgrzej masło. Dodaj pomidory. Smaż je przez 3-4 minuty na średnim ogniu. Zdejmij z ognia i mieszaj, aż uzyskasz gładką pastę. Zostaw to na boku.
- Zmiel cebulę, aż uzyskasz gładką pastę.
- Na patelni rozgrzej pozostały olej. Dodaj pastę cebulową. Smażyć na średnim ogniu aż do złotego koloru.
- Dodaj pastę imbirową i pastę czosnkową. Po prostu upiecz.
- Dodać kurkumę, garam masala, chili w proszku i koncentrat pomidorowy. Dobrze wymieszaj. Mieszaj mieszaninę przez 3-4 minuty.
- Dodać sól i grillowanego kurczaka. Delikatnie mieszaj, aż sos pokryje kurczaka.
- Udekoruj liśćmi kolendry. Podawać na gorąco.

Pikantny nadziewany kurczak w bogatym sosie

dla 4 osób

Składniki

½ łyżeczki chili w proszku

½ łyżki garam masali

4 łyżeczki pasty imbirowej

4 łyżeczki pasty czosnkowej

Dodaj sól do smaku

8 płaskich filetów z kurczaka

4 duże cebule, posiekane

5 cm imbiru, posiekanego

5 zielonych chilli, drobno posiekanych

200 g khoyi*

2 łyżki soku z cytryny

50 g posiekanych liści kolendry

15 orzechów nerkowca

5 łyżek suszonego kokosa

30 g płatków migdałowych

1 łyżeczka szafranu namoczona w 1 łyżce mleka

150 g ghee

200 g ubitego jogurtu

metoda

- Wymieszaj chili w proszku, garam masala, połowę pasty imbirowej, połowę pasty czosnkowej i szczyptę soli. Marynuj filet z kurczaka w tej mieszance przez 2 godziny.
- Połowę cebuli wymieszać z mielonym imbirem, zielonymi chilli, khoyą, sokiem z cytryny, solą i połową liści kolendry. Podziel tę mieszaninę na 8 równych części.
- Połóż każdy kawałek na wąskim brzegu każdej piersi z kurczaka i zwiń do wewnątrz, aby uszczelnić pierś. Zostaw to na boku.
- Rozgrzej piekarnik do 200°C (400°F, klasa gazu 6). Nadziewane filety z kurczaka ułóż na natłuszczonej blasze do pieczenia i piecz przez 15-20 minut, aż uzyskają złoty kolor. Zostaw to na boku.
- Zmiel orzechy nerkowca i kokos na gładką pastę. Zostaw to na boku.
- Namocz migdały w mieszance mleka szafranowego. Zostaw to na boku.
- Podgrzej ghee na patelni. Dodaj resztę cebuli. Smaż je na średnim ogniu, aż staną się półprzezroczyste. Dodaj pozostałą pastę imbirową i pastę czosnkową. Smaż mieszaninę przez minutę.
- Dodać pastę kokosowo-nerkowca. Po prostu upiecz. Dodać jogurt i grillowany filet z kurczaka. Dobrze wymieszaj. Dusić na małym ogniu przez 5-6 minut, często mieszając. Dodaj mieszankę migdałowo-

szafranową. Delikatnie wymieszaj. Gotuj na małym ogniu przez 5 minut.

- Udekoruj liśćmi kolendry. Podawać na gorąco.

pikantna masala z kurczaka

dla 4 osób

Składniki

6 całych suszonych czerwonych papryczek

2 łyżki nasion kolendry

6 zielonych strąków kardamonu

6 zębów

5cm cynamonu

2 łyżki nasion kopru włoskiego

½ łyżeczki czarnego pieprzu

120 ml / 4 ml oczyszczonego oleju roślinnego

2 duże cebule, pokrojone w plasterki

1 cm korzeń imbiru, drobno posiekany

8 ząbków czosnku, drobno posiekanych

2 duże pomidory, drobno posiekane

3-4 liście laurowe

1 kg kurczaka, pokrojonego na 12 kawałków

½ łyżeczki kurkumy

Dodaj sól do smaku

500ml / 16ml wody

100 g posiekanych liści kolendry

metoda

- Wymieszaj czerwone chilli, nasiona kolendry, kardamon, goździki, cynamon, nasiona kopru włoskiego i ziarna pieprzu.
- Upiecz mieszaninę na sucho i zmiel na proszek. Zostaw to na boku.
- Rozgrzej olej na patelni. Dodaj cebulę. Smażyć je na średnim ogniu, aż uzyskają złoty kolor.
- Dodaj imbir i czosnek. Po prostu upiecz.
- Dodać pomidory, liście laurowe, sproszkowane nasiona kolendry i mieloną czerwoną paprykę. Kontynuuj smażenie przez 2-3 minuty.
- Dodać kurczaka, kurkumę, sól i wodę. Dobrze wymieszaj. Przykryj pokrywką i gotuj przez 40 minut, od czasu do czasu mieszając.
- Udekoruj kurczaka liśćmi kolendry. Podawać na gorąco.

kaszmirowy kurczak

dla 4 osób

Składniki

2 łyżki octu słodowego

2 łyżki płatków chili

2 łyżki nasion gorczycy

2 łyżki nasion kminku

½ łyżeczki czarnego pieprzu

Cynamon 7,5 cm / 3 cale

10 zębów

75 g ghee

1 kg kurczaka, pokrojonego na 12 kawałków

1 łyżka oczyszczonego oleju roślinnego

4 liście laurowe

4 średnie cebule, posiekane

1 łyżka pasty imbirowej

1 łyżka pasty czosnkowej

3 pomidory, drobno posiekane

1 łyżeczka kurkumy

500ml / 16ml wody

Dodaj sól do smaku

20 orzechów nerkowca, zmielonych

6 nitek szafranu namoczonych w soku z 1 cytryny

metoda

- Wymieszaj ocet słodowy z płatkami chili, gorczycą, kminkiem, pieprzem, cynamonem i goździkami. Zmiel tę mieszaninę, aż uzyskasz gładką pastę. Zostaw to na boku.
- Podgrzej ghee na patelni. Dodać kawałki kurczaka i smażyć na średnim ogniu na złoty kolor. Odcedź i odłóż na bok.
- Rozgrzej olej na patelni. Dodać liście laurowe i cebulę. Smażyć tę mieszaninę na średnim ogniu, aż cebula stanie się złotobrązowa.
- Dodaj pastę octową. Dobrze wymieszaj i gotuj na małym ogniu przez 7-8 minut.
- Dodaj pastę imbirową i pastę czosnkową. Smaż tę mieszaninę przez minutę.
- Dodać pomidory i kurkumę. Dobrze wymieszaj i gotuj na średnim ogniu przez 2-3 minuty.
- Dodać smażonego kurczaka, wodę i sól. Dobrze wymieszaj, aby pokryć kurczaka. Przykryj pokrywką i gotuj przez 30 minut, od czasu do czasu mieszając.
- Dodaj orzechy nerkowca i szafran. Kontynuuj gotowanie na małym ogniu przez 5 minut. Podawać na gorąco.

Rum i kurczak

dla 4 osób

Składniki

1 łyżka garam masali

1 łyżeczka chili w proszku

1 kg kurczaka, pokrojonego na 8 kawałków

6 ząbków czosnku

4 ziarna czarnego pieprzu

4 zęby

½ łyżeczki nasion kminku

Cynamon 2,5 cm / 1 cal

50 g / 1¾ uncji świeżo startego kokosa

4 migdały

1 zielony strąk kardamonu

1 łyżka nasion kolendry

300ml/10ml wody

75 g ghee

3 duże cebule, posiekane

Dodaj sól do smaku

½ łyżeczki szafranu

120 ml / 4 butelki ciemnego rumu

1 łyżka posiekanych liści kolendry

metoda

- Wymieszaj garam masala i proszek chili. Marynuj kurczaka w tej mieszance przez 2 godziny.
- Suszony pieczony czosnek, papryka, goździki, nasiona kminku, cynamon, kokos, migdały, kardamon i nasiona kolendry.
- Zmiksuj z 60 ml wody na gładką pastę. Zostaw to na boku.
- Podgrzej ghee na patelni. Dodaj cebulę i smaż na średnim ogniu, aż będzie przezroczysta.
- Dodać pastę czosnkowo-pieprzową. Dobrze wymieszaj. Smaż mieszaninę przez 3-4 minuty.
- Dodaj marynowanego kurczaka i sól. Dobrze wymieszaj. Kontynuuj gotowanie przez 3-4 minuty, od czasu do czasu mieszając.
- Dodać 240 ml wody. Delikatnie wymieszaj. Przykryj pokrywką i gotuj przez 40 minut, od czasu do czasu mieszając.
- Dodaj szafran i rum. Dobrze wymieszaj i gotuj na małym ogniu przez 10 minut.
- Udekoruj liśćmi kolendry. Podawać na gorąco.

Kurczak Shahjahani

(Kurczak w pikantnym sosie)

dla 4 osób

Składniki

5 łyżek oczyszczonego oleju roślinnego

2 liście laurowe

5cm cynamonu

6 zielonych strąków kardamonu

½ łyżeczki nasion kminku

8 zębów

3 duże cebule, posiekane

1 łyżeczka kurkumy

1 łyżeczka chili w proszku

1 łyżka pasty imbirowej

1 łyżeczka pasty czosnkowej

Dodaj sól do smaku

75 g orzechów nerkowca, zmielonych

150 g jogurtu, ubitego

1 kg kurczaka, pokrojonego na 8 kawałków

2 łyżki śmietanki

¼ łyżeczki mielonego czarnego kardamonu

10 g posiekanych liści kolendry

metoda

- Rozgrzej olej na patelni. Dodać liście laurowe, cynamon, kardamon, nasiona kminku i goździki. Pozwól im gotować przez 15 sekund.
- Dodać cebulę, kurkumę i chili w proszku. Smaż mieszaninę przez 1-2 minuty na średnim ogniu.
- Dodaj pastę imbirową i pastę czosnkową. Gotuj przez 2-3 minuty, ciągle mieszając.
- Dodać sól i zmielone orzechy nerkowca. Dobrze wymieszaj i smaż przez kolejną minutę.
- Dodaj jogurt i kurczaka. Delikatnie mieszaj, aż mieszanina pokryje kawałki kurczaka.
- Przykryj pokrywką i gotuj mieszaninę na małym ogniu przez 40 minut, od czasu do czasu mieszając.
- Otwórz patelnię, dodaj śmietanę i zmielony kardamon. Mieszaj delikatnie przez 5 minut.
- Udekoruj kurczaka liśćmi kolendry. Podawać na gorąco.

Wielkanocny kurczak

dla 4 osób

Składniki

1 łyżeczka soku z cytryny

1 łyżka pasty imbirowej

1 łyżeczka pasty czosnkowej

Dodaj sól do smaku

1 kg kurczaka, pokrojonego na 8 kawałków

2 łyżki nasion kolendry

12 ząbków czosnku

Korzeń imbiru 2,5 cm

1 łyżeczka nasion kminku

8 czerwonych papryczek chili

4 zęby

Cynamon 2,5 cm / 1 cal

1 łyżeczka kurkumy

1 litr / 1¾ litra wody

4 łyżki oczyszczonego oleju roślinnego

3 duże cebule, posiekane

4 zielone chilli przekrojone wzdłuż

3 pomidory, drobno posiekane

1 łyżka pasty z tamaryndowca

2 duże ziemniaki, pokrojone w ćwiartki

metoda

- Wymieszaj sok z cytryny, pastę imbirową, pastę czosnkową i sól. Marynuj kawałki kurczaka w tej mieszance przez 2 godziny.
- Wymieszaj nasiona kolendry, czosnek, imbir, kminek, pieprz cayenne, goździki, cynamon i kurkumę.
- Zmiel tę mieszaninę z połową wody na gładką pastę. Zostaw to na boku.
- Rozgrzej olej na patelni. Dodaj cebulę. Smaż je na średnim ogniu, aż staną się półprzezroczyste.
- Dodać zielone chilli i nasiona kolendry-pastę czosnkową. Smaż tę mieszaninę przez 3-4 minuty.
- Dodać pomidory i pastę tamaryndową. Kontynuuj smażenie przez 2-3 minuty.
- Dodać marynowanego kurczaka, ziemniaki i resztę wody. Dobrze wymieszaj. Przykryj pokrywką i gotuj przez 40 minut, od czasu do czasu mieszając.
- Podawać na gorąco.

Pikantna kaczka z ziemniakami

dla 4 osób

Składniki

1 łyżeczka mielonej kolendry

2 łyżeczki chili w proszku

¼ łyżeczki kurkumy

5cm cynamonu

6 zębów

4 zielone strąki kardamonu

1 łyżka nasion kopru włoskiego

60 ml / 2 ml oczyszczonego oleju roślinnego

4 duże cebule, pokrojone w cienkie plasterki

5 cm imbiru, drobno posiekanego

8 ząbków czosnku

6 zielonych chilli przeciętych wzdłuż

3 duże ziemniaki pokrojone w ćwiartki

1 kg kaczki, pokrojonej na 8-10 kawałków

2 łyżeczki octu słodowego

750ml mleka kokosowego

Dodaj sól do smaku

1 łyżeczka ghee

1 łyżka nasion gorczycy

2 cebule, pokrojone w plasterki

8 liści curry

metoda

- Wymieszać z kolendrą, chili w proszku, kurkumą, cynamonem, goździkami, kardamonem i nasionami kopru włoskiego. Zmiel tę mieszaninę na proszek. Zostaw to na boku.
- Rozgrzej olej na patelni. Dodaj cebulę, imbir, czosnek i zielone chili. Smażyć na średnim ogniu przez 2-3 minuty.
- Dodaj mieszankę przypraw w proszku. Smaż przez 2 minuty.
- Dodaj ziemniaki. Kontynuuj smażenie przez 3-4 minuty.
- Dodać kaczkę, ocet słodowy, mleko kokosowe i sól. Mieszaj przez 5 minut. Przykryj pokrywką i gotuj mieszaninę na małym ogniu przez 40 minut, od czasu do czasu mieszając. Gdy kaczka będzie gotowa, zdejmij z ognia i odłóż na bok.
- W małym rondlu podgrzej ghee. Dodaj nasiona gorczycy, szalotkę i liście curry. Smaż na dużym ogniu przez 30 sekund.
- Wlać to na kaczkę. Dobrze wymieszaj. Podawać na gorąco.

kaczka moille

(Proste curry z kaczki)

dla 4 osób

Składniki

1 kg kaczki pokrojonej na 12 kawałków

Dodaj sól do smaku

1 łyżka mielonej kolendry

1 łyżeczka mielonego kminku

6 ziaren czarnego pieprzu

4 zęby

2 zielone strąki kardamonu

Cynamon 2,5 cm / 1 cal

120 ml / 4 ml oczyszczonego oleju roślinnego

3 duże cebule, posiekane

5 cm imbiru, drobno posiekanego

3 zielone chilli, drobno posiekane

½ łyżeczki cukru

2 łyżki octu słodowego

360ml / 12ml wody

metoda

- Kawałki kaczki marynować w soli przez godzinę.
- Wymieszać z mieloną kolendrą, mielonym kminkiem, ziarnami pieprzu, goździkami, kardamonem i cynamonem. Smaż tę mieszaninę na patelni na średnim ogniu przez 1-2 minuty.
- Zdjąć z ognia i zmielić na drobny proszek. Zostaw to na boku.
- Rozgrzej olej na patelni. Dodaj marynowane kawałki kaczki. Smażyć je na średnim ogniu, aż uzyskają złoty kolor. Od czasu do czasu je obracaj, żeby się nie przypaliły. Odcedź i odłóż na bok.
- Rozgrzej ten sam olej i dodaj cebulę. Smażyć je na średnim ogniu, aż uzyskają złoty kolor.
- Dodaj imbir i zielone chilli. Kontynuuj smażenie przez 1-2 minuty.
- Dodać cukier, ocet słodowy i proszek kolendrowo-kminkowy. Mieszaj przez 2-3 minuty.
- Dodać kawałki kaczki smażone na wodzie. Dobrze wymieszaj. Przykryj pokrywką i gotuj przez 40 minut, od czasu do czasu mieszając.
- Podawać na gorąco.

Bharwa Murgh Kaju

(Kurczak nadziewany orzechami nerkowca)

dla 4 osób

Składniki

3 łyżeczki pasty imbirowej

3 łyżeczki pasty czosnkowej

10 orzechów nerkowca, zmielonych

1 łyżeczka chili w proszku

1 łyżka garam masali

Dodaj sól do smaku

8 płaskich filetów z kurczaka

4 duże cebule, posiekane

200 g khoyi*

6 zielonych chilli, drobno posiekanych

Worek 25 g posiekanych liści mięty

Torebka 25 g/1 uncja Liście kolendry, posiekane

2 łyżki soku z cytryny

75 g ghee

75 g orzechów nerkowca, zmielonych

400 g ubitego jogurtu

2 łyżki garam masali

2 łyżeczki szafranu namoczone w 2 łyżkach ciepłego mleka

Dodaj sól do smaku

metoda

- Połowę pasty imbirowej i połowę pasty czosnkowej wymieszaj z mielonymi orzechami nerkowca, chili w proszku, garam masala i szczyptą soli.
- Marynuj w tym filet z kurczaka przez 30 minut.
- Wymieszaj połowę cebuli z khoyą, zielonymi chilli, liśćmi mięty, liśćmi kolendry i sokiem z cytryny. Podziel tę mieszaninę na 8 równych części.
- Rozłóż marynowany filet z kurczaka. Posyp odrobiną mieszanki cebuli i khoya na wierzchu. Owiń to jak chustę.
- Powtórz tę czynność z pozostałymi filetami z kurczaka.
- Nasmaruj naczynie do pieczenia i ułóż w nim nadziewane filety z kurczaka, luźnymi końcami do dołu.
- Piec kurczaka w piekarniku nagrzanym do 200°C przez 20 minut. Zostaw to na boku.
- Podgrzej ghee na patelni. Dodaj resztę cebuli. Smaż je na średnim ogniu, aż staną się półprzezroczyste.

- Dodaj pozostałą pastę imbirową i pastę czosnkową. Smaż mieszaninę przez 1-2 minuty.
- Dodać zmielone orzechy nerkowca, jogurt i garam masala. Mieszaj przez 1-2 minuty.
- Dodaj pieczone bułeczki z kurczakiem, mieszankę szafranową i szczyptę soli. Dobrze wymieszaj. Przykryj pokrywką i gotuj na małym ogniu przez 15-20 minut. Podawać na gorąco.

Sałatka Z Kurczakiem Z Jogurtem

dla 4 osób

Składniki

1 kg kurczaka, pokrojonego na 12 kawałków

7,5 cm imbiru, drobno posiekanego

10 ząbków czosnku, drobno posiekanych

½ łyżeczki chili w proszku

½ łyżki garam masali

½ łyżeczki kurkumy

2 zielone papryki

Dodaj sól do smaku

200 g jogurtu

½ łyżeczki nasion kminku

1 łyżka nasion kolendry

4 zęby

4 ziarna czarnego pieprzu

Cynamon 2,5 cm / 1 cal

4 zielone strąki kardamonu

6-8 migdałów

5 łyżek ghee

4 średnie cebule, posiekane

250 ml wody

1 łyżka posiekanych liści kolendry

metoda

- Kawałki kurczaka rozdrobnić widelcem. Zostaw to na boku.
- Wymieszaj połowę imbiru i czosnku z chili w proszku, garam masala, kurkumą, zielonymi papryczkami chilli i solą. Zmiel tę mieszaninę, aż uzyskasz gładką pastę. Ubij pastę z jogurtem.
- Marynuj kurczaka w tej mieszance przez 4-5 godzin. Zostaw to na boku.
- Podgrzej garnek. Suszone prażone nasiona kminku, nasiona kolendry, goździki, pieprz, cynamon, kardamon i migdały. Zostaw to na boku.

- Na patelni o grubym dnie podgrzej 4 łyżki ghee. Dodaj cebulę. Smaż je na średnim ogniu, aż staną się półprzezroczyste.
- Dodaj pozostały imbir i czosnek. Gotuj przez 1-2 minuty.
- Zdejmij z ognia i zmiel tę mieszaninę z suchym prażonym kminkiem i kolendrą na gładką pastę.

- Na patelni rozgrzej pozostałe ghee. Dodać makaron i smażyć przez 2-3 minuty na średnim ogniu.
- Dodać marynowanego kurczaka i smażyć kolejne 3-4 minuty.
- Dodaj wodę. Delikatnie mieszaj przez jedną minutę. Przykryj pokrywką i gotuj przez 30 minut, od czasu do czasu mieszając.
- Udekoruj liśćmi kolendry i podawaj na gorąco.

Kipa Dhansaka

(Gotowane parsi z kurczakiem)

dla 4 osób

Składniki

75 g Toor dhal*

75 g / 2½ uncji mung dhal*

75 g dhalu masoor*

75 g Chana Dhal*

1 mały bakłażan, starty

25 g dyni, posiekanej

Dodaj sól do smaku

1 litr / 1¾ litra wody

8 ziaren czarnego pieprzu

6 zębów

Cynamon 2,5 cm / 1 cal

odrobina puchu

2 liście laurowe

1 gwiazdka anyżu

3 suszone czerwone papryki

2 łyżki rafinowanego oleju roślinnego

50 g posiekanych liści kolendry

50 g / 1¾ uncji świeżych liści kozieradki, posiekanych

50 g posiekanych liści mięty

750 g kurczaka bez kości, pokrojonego na 12 kawałków

1 łyżeczka kurkumy

¼ łyżeczki mielonej gałki muszkatołowej

1 łyżka pasty czosnkowej

1 łyżka pasty imbirowej

1 łyżka pasty z tamaryndowca

metoda

- Maślankę wymieszać z bakłażanem, dynią, solą i połową wody. Gotuj tę mieszaninę na patelni na średnim ogniu przez 45 minut.
- Zdejmij z ognia i mieszaj tę mieszaninę, aż uzyskasz gładką pastę. Zostaw to na boku.
- Wymieszaj ziarna pieprzu, goździki, cynamon, muszkatołowiec, liście laurowe, anyż gwiazdkowaty i pieprz cayenne. Smaż mieszaninę przez 2-3 minuty na średnim ogniu. Zdjąć z ognia i zmielić na drobny proszek. Zostaw to na boku.
- Rozgrzej olej na patelni. Dodaj kolendrę, kozieradkę i liście mięty. Smaż je przez 1-2 minuty na średnim ogniu. Zdjąć z ognia i mielić do uzyskania pasty. Zostaw to na boku.
- Wymieszaj kurczaka z kurkumą, gałką muszkatołową, pastą czosnkową, pastą imbirową, pastą dhal i

pozostałą wodą. Gotuj tę mieszaninę w rondlu na średnim ogniu przez 30 minut, od czasu do czasu mieszając.

- Dodaj pastę kolendrową, kozieradkę i liście mięty. Gotuj przez 2-3 minuty.
- Dodaj proszek do paznokci i pastę z tamaryndowca. Dobrze wymieszaj. Mieszaj mieszaninę na małym ogniu przez 8-10 minut.
- Podawać na gorąco.

Kurczak Chatpata

(Ognisty Kurczak)

dla 4 osób

Składniki

500 g kurczaka bez kości, pokrojonego na małe kawałki

2 łyżki rafinowanego oleju roślinnego

150 g kalafiora

200 g grzybów, pokrojonych w plasterki

1 duża marchewka, pokrojona w plasterki

1 duża zielona papryka, nasiona usunięte i drobno posiekane

Dodaj sól do smaku

½ łyżeczki mielonego czarnego pieprzu

10-15 liści curry

5 zielonych chilli, drobno posiekanych

5 cm imbiru, posiekanego

10 ząbków drobno posiekanego czosnku

4 łyżki koncentratu pomidorowego

4 łyżki posiekanych liści kolendry

Na marynatę:

125 g jogurtu

1 ½ łyżki pasty imbirowej

1 ½ łyżki pasty czosnkowej

1 łyżeczka chili w proszku

1 łyżka garam masali

Dodaj sól do smaku

metoda

- Wszystkie składniki na marynatę wymieszać.
- Marynuj kurczaka w tej mieszance przez 1 godzinę.
- Na patelni rozgrzej pół łyżki oleju. Dodać kalafior, grzyby, marchewkę, zielony pieprz, sól i mielony czarny pieprz. Dobrze wymieszaj. Smaż mieszaninę przez 3-4 minuty na średnim ogniu. Zostaw to na boku.
- Na drugiej patelni rozgrzej resztę oleju. Dodaj liście curry i zielone chilli. Smaż je przez minutę na średnim ogniu.
- Dodaj imbir i czosnek. Gotuj przez kolejną minutę.
- Dodać marynowanego kurczaka i podsmażone warzywa. Gotuj przez 4-5 minut.
- Dodaj przecier pomidorowy. Dobrze wymieszaj. Przykryj pokrywką i gotuj mieszaninę na małym ogniu przez 40 minut, od czasu do czasu mieszając.
- Udekoruj liśćmi kolendry. Podawać na gorąco.

Kaczka Masala w Mleku Kokosowym

dla 4 osób

Składniki

1 kg kaczki pokrojonej na 12 kawałków

Rafinowany olej roślinny do smażenia

3 duże ziemniaki, pokrojone w plasterki

750 ml / 1¼ litra wody

4 łyżki oleju kokosowego

1 duża cebula, pokrojona w cienkie plasterki

100 g mleka kokosowego

Na mieszankę przypraw:

2 łyżki mielonej kolendry

½ łyżeczki kurkumy

1 łyżeczka mielonego czarnego pieprzu

¼ łyżeczki nasion kminku

¼ łyżeczki nasion czarnego kminku

Cynamon 2,5 cm / 1 cal

9 zębów

2 zielone strąki kardamonu

8 ząbków czosnku

Korzeń imbiru 2,5 cm

1 łyżeczka octu słodowego

Dodaj sól do smaku

metoda

- Składniki mieszanki przyprawowej wymieszać ze sobą i zmiksować na gładką pastę.
- Marynuj kaczkę w tej paście przez 2-3 godziny.
- Rozgrzej olej na patelni. Dodać ziemniaki i smażyć na średnim ogniu na złoty kolor. Odcedź i odłóż na bok.
- Podgrzej wodę na patelni. Dodaj marynowane kawałki kaczki i gotuj przez 40 minut, od czasu do czasu mieszając. Zostaw to na boku.
- Na patelni rozgrzej olej kokosowy. Dodać cebulę i smażyć na średnim ogniu, aż uzyska złoty kolor.
- Dodaj mleko kokosowe. Gotuj mieszaninę przez 2 minuty, często mieszając.
- Zdejmij z ognia i dodaj tę mieszaninę do ugotowanej kaczki. Dobrze wymieszaj i gotuj na małym ogniu przez 5-10 minut.
- Udekoruj ziemniakami. Podawać na gorąco.

Kurczak Dil Bahar

(kremowy kurczak)

dla 4 osób

Składniki

4-5 łyżek rafinowanego oleju roślinnego

2 liście laurowe

5cm cynamonu

3 zielone strąki kardamonu

4 zęby

2 duże cebule, posiekane

1 łyżka pasty imbirowej

1 łyżeczka pasty czosnkowej

2 łyżeczki mielonego kminku

2 łyżki mielonej kolendry

½ łyżeczki kurkumy

4 zielone chilli przekrojone wzdłuż

750 g kurczaka bez kości, pokrojonego na 16 kawałków

50 g / 1¾ uncji posiekanej cebuli, posiekanej

1 duża zielona papryka, drobno posiekana

1 łyżka garam masali

Dodaj sól do smaku

150 g przecieru pomidorowego

125 g jogurtu

250 ml wody

2 łyżki masła

85 g orzechów nerkowca

500 ml skondensowanego mleka

250 ml / 8 ml płynnego kremu

1 łyżka posiekanych liści kolendry

metoda

- Rozgrzej olej na patelni. Dodać liście laurowe, cynamon, kardamon i goździki. Pozwól im gotować przez 30 sekund.
- Dodać cebulę, pastę imbirową i pastę czosnkową. Smażyć tę mieszaninę na średnim ogniu, aż cebula stanie się złotobrązowa.
- Dodać mielony kminek, mieloną kolendrę, kurkumę i zielone chilli. Smaż mieszaninę przez 2-3 minuty.
- Dodaj kawałki kurczaka. Dobrze wymieszaj. Piecz je przez 5 minut.
- Dodaj dymkę, zielony pieprz, garam masala i sól. Kontynuuj smażenie przez 3-4 minuty.
- Dodać przecier pomidorowy, jogurt i wodę. Dobrze wymieszaj i przykryj pokrywką. Gotuj mieszaninę na małym ogniu przez 30 minut, od czasu do czasu mieszając.

- Podczas gdy mieszanka z kurczakiem się gotuje, podgrzej masło na innej patelni. Dodaj orzechy nerkowca i smaż na średnim ogniu na złoty kolor. Zostaw to na boku.
- Dodaj skondensowane mleko i śmietanę do mieszanki z kurczakiem. Dobrze wymieszaj i gotuj przez kolejne 5 minut na małym ogniu.
- Dodać masło z prażonymi orzechami nerkowca i dobrze wymieszać przez 2 minuty.
- Udekoruj liśćmi kolendry. Podawać na gorąco.

Dum ka Murgh

(Powolny Pieczony Kurczak)

dla 4 osób

Składniki

4 łyżki klarowanego oleju roślinnego plus do smażenia

3 duże cebule, pokrojone w plasterki

10 migdałów

10 orzechów nerkowca

1 łyżka suszonego kokosa

1 łyżka pasty imbirowej

1 łyżeczka pasty czosnkowej

½ łyżeczki kurkumy

1 łyżeczka chili w proszku

Dodaj sól do smaku

200 g jogurtu

1 kg kurczaka, rozdrobnionego

1 łyżka posiekanych liści kolendry

1 łyżka posiekanych liści mięty

½ łyżeczki szafranu

metoda

- Rozgrzej olej do smażenia. Dodaj cebulę i smaż na średnim ogniu, aż uzyskasz złoty kolor. Odcedź i odłóż na bok.
- Wymieszaj migdały, orzechy nerkowca i kokos. Mieszanka pieczona na sucho. Zmieszaj tyle wody, aby powstała gładka pasta.
- Na patelni rozgrzej 4 łyżki oleju. Dodać pastę imbirową, pastę czosnkową, kurkumę i chili w proszku. Smażyć na średnim ogniu przez 1-2 minuty.
- Dodać pastę z nerkowców i migdałów, podsmażoną cebulę, sól i jogurt. Gotuj przez 4-5 minut.

- Przełożyć do żaroodpornej miski. Dodaj kurczaka, kolendrę i liście mięty. Dobrze wymieszaj.
- Posypać szafranem. Przykryć folią aluminiową i szczelnie zamknąć pokrywką. Piec w piekarniku nagrzanym na 180°C (350°F, stopień gazu 4) przez 40 minut.
- Podawać na gorąco.

Murgh Kheema Masala

(Pikantne Mięso Mielone)

dla 4 osób

Składniki

60 ml / 2 ml oczyszczonego oleju roślinnego

5cm cynamonu

4 zęby

2 zielone strąki kardamonu

½ łyżeczki nasion kminku

2 duże cebule, posiekane

1 łyżeczka mielonej kolendry

½ łyżeczki mielonego kminku

½ łyżeczki kurkumy

1 łyżeczka chili w proszku

2 łyżki pasty imbirowej

3 łyżeczki pasty czosnkowej

3 pomidory, drobno posiekane

200 g mrożonego groszku

1 kg mielonego kurczaka

75 g orzechów nerkowca, zmielonych

125 g jogurtu

250 ml wody

Dodaj sól do smaku

4 łyżki śmietanki

Torebka 25 g/1 uncja Liście kolendry, posiekane

metoda

- Rozgrzej olej na patelni. Dodaj cynamon, goździki, kardamon i nasiona kminku. Pozwól im gotować przez 15 sekund.
- Dodać cebulę, mieloną kolendrę, mielony kminek, kurkumę i chili w proszku. Smażyć na średnim ogniu przez 1-2 minuty.
- Dodaj pastę imbirową i pastę czosnkową. Kontynuuj smażenie przez minutę.
- Dodać pomidory, groszek i mielonego kurczaka. Dobrze wymieszaj. Gotuj mieszaninę na małym ogniu przez 10-15 minut, od czasu do czasu mieszając.
- Dodać jogurt, wodę i sól. Dobrze wymieszaj. Przykryj pokrywką i gotuj na małym ogniu przez 20-25 minut.
- Udekoruj śmietaną i liśćmi kolendry. Podawać na gorąco.

Nawabi Nadziewany Kurczak

dla 4 osób

Składniki

200 g jogurtu

2 łyżki soku z cytryny

½ łyżeczki kurkumy

Dodaj sól do smaku

1 kilogram kurczaka

100 g bułki tartej

Do wypełnienia:

120 ml / 4 ml oczyszczonego oleju roślinnego

1 ½ łyżeczki pasty imbirowej

1 ½ łyżki pasty czosnkowej

2 duże cebule, posiekane

2 zielone chilli, drobno posiekane

½ łyżeczki chili w proszku

1 rozgnieciony ogórek

1 posiekana wątróbka drobiowa

200 g groszku

2 marchewki, pokrojone w kostkę

50 g posiekanych liści kolendry

2 łyżki posiekanych liści mięty

½ łyżeczki mielonego czarnego pieprzu

½ łyżki garam masali

20 posiekanych orzechów nerkowca

20 rodzynek

metoda

- Jogurt ubić z sokiem z cytryny, kurkumą i solą. Marynuj kurczaka w tej mieszance przez 1-2 godziny.
- Aby przygotować nadzienie, na patelni rozgrzej olej. Dodać pastę imbirową, czosnek i cebulę i smażyć na średnim ogniu przez 1-2 minuty.
- Dodaj zielone chili, chili w proszku, brzuch kurczaka i wątróbkę drobiową. Dobrze wymieszaj. Gotuj przez 3-4 minuty.
- Dodać groszek, marchewkę, liście kolendry, liście mięty, pieprz, garam masala, orzechy nerkowca i rodzynki. Mieszaj przez 2 minuty. Przykryj pokrywką i gotuj przez 20 minut, od czasu do czasu mieszając.
- Zdjąć z ognia i ostudzić.
- Napełnij tę mieszankę marynowanym kurczakiem.
- Obtocz nadziewanego kurczaka w bułce tartej i piecz w nagrzanym piekarniku w temperaturze 200°C (400°F, klasa gazu 6) przez 50 minut.
- Podawać na gorąco.

Murgh ke Nazare

(Kurczak z serem Cheddar i Paneer)

dla 4 osób

Składniki

Dodaj sól do smaku

½ łyżki pasty imbirowej

½ łyżki pasty czosnkowej

Sok z 1 cytryny

750 g/1 funt 10 uncji kawałków kurczaka bez kości, spłaszczonych

Paneer 75 g / 2½ uncji*, mięso mielone

250 g mielonego kurczaka

75 g startego sera Cheddar

1 łyżeczka mielonej kolendry

½ łyżki garam masali

½ łyżeczki kurkumy

125 g khoyi*

1 łyżeczka chili w proszku

2 ugotowane i posiekane jajka

3 pomidory, drobno posiekane

2 zielone chilli, drobno posiekane

2 duże cebule, posiekane

2 łyżki posiekanych liści kolendry

½ łyżeczki imbiru w proszku

Na sos:

4 łyżki oczyszczonego oleju roślinnego

½ łyżki pasty imbirowej

½ łyżki pasty czosnkowej

2 duże cebule, posiekane

2 zielone chilli, drobno posiekane

½ łyżeczki kurkumy

1 łyżeczka mielonej kolendry

½ łyżeczki mielonego białego pieprzu

½ łyżeczki mielonego kminku

½ łyżki suszonego imbiru w proszku

200 g jogurtu

4 orzechy nerkowca, zmielone

4 zmielone migdały

125 g khoyi*

metoda

- Wymieszaj sól, pastę imbirową, pastę czosnkową i sok z cytryny. Marynuj kurczaka w tej mieszance przez 1 godzinę. Zostaw to na boku.
- Wymieszaj mielonego kurczaka, ser, mieloną kolendrę, garam masala, kurkumę i khoya w paneer.
- Rozłóż tę mieszaninę na marynowanym kurczaku. Posyp chili w proszku, jajka, pomidory, zielone chilli, cebulę, liście kolendry i proszek imbirowy. Zwiń kurczaka jak roladę i mocno zawiąż sznurkiem, aby go uszczelnić.
- Piec w piekarniku nagrzanym na 200°C (400°F, klasa gazu 6) przez 30 minut. Zostaw to na boku.
- Aby przygotować sos, na patelni rozgrzej olej. Dodać pastę imbirową, pastę czosnkową, cebulę i zielony pieprz. Smaż je przez 2-3 minuty na średnim ogniu. Dodać pozostałe składniki sosu. Gotuj przez 7-8 minut.
- Roladki z kurczaka pokroić na małe kawałki i ułożyć na talerzu. Dodaj sos. Podawać na gorąco.

Murgh Paanda

(Pikantne Kawałki Kurczaka)

dla 4 osób

Składniki

1 łyżeczka kurkumy

30 g liści kolendry, posiekanych

1 łyżeczka chili w proszku

10 g posiekanych liści mięty

1 łyżka garam masali

Kawałek surowej papai, mielony o długości 5 cm

1 łyżka pasty imbirowej

1 łyżeczka pasty czosnkowej

Dodaj sól do smaku

750 g Pierś z kurczaka, pokrojona w cienkie plasterki

6 łyżek oczyszczonego oleju roślinnego

metoda

- Wymieszaj wszystkie składniki oprócz kurczaka i oleju. Marynuj kawałki kurczaka w tej mieszance przez 3 godziny.
- Rozgrzej olej na patelni. Dodaj marynowane kawałki kurczaka i smaż na średnim ogniu na złoty kolor, od czasu do czasu obracając. Podawać na gorąco.

Murg Masala

(Kurczak Masala)

dla 4 osób

Składniki

4 łyżki oczyszczonego oleju roślinnego

2 duże cebule, posiekane

1 drobno pokrojony pomidor

Dodaj sól do smaku

1 kg kurczaka, pokrojonego na 8 kawałków

360ml / 12ml wody

360 ml / 12 ml mleka kokosowego

Na mieszankę przypraw:

2 łyżki garam masali

1 łyżeczka nasion kminku

1 ½ łyżki maku

4 czerwone papryki

½ łyżeczki kurkumy

8 ząbków czosnku

Korzeń imbiru 2,5 cm

metoda

- Zmiel mieszankę przypraw z odpowiednią ilością wody na gładką pastę. Zostaw to na boku.
- Rozgrzej olej na patelni. Dodaj cebulę i smaż na średnim ogniu, aż uzyskasz złoty kolor. Dodaj pastę z mieszanki przypraw i smaż przez 5-6 minut.
- Dodać pomidory, sól, kurczaka i wodę. Przykryj pokrywką i gotuj na małym ogniu przez 20 minut. Dodać mleko kokosowe, dobrze wymieszać i podawać gorące.

Krem z kurczaka Bohri

(Kurczak w sosie śmietanowym)

dla 4 osób

Składniki

3 duże cebule

Korzeń imbiru 2,5 cm

8 ząbków czosnku

6 zielonych papryczek

100 g posiekanych liści kolendry

3 łyżki posiekanych liści mięty

120ml / 4ml wody

1 kg kurczaka, pokrojonego na 8 kawałków

2 łyżki soku z cytryny

1 łyżeczka mielonego czarnego pieprzu

250 ml / 8 ml płynnego kremu

30 g ghee

Dodaj sól do smaku

metoda

- Wymieszaj cebulę, imbir, czosnek, zielone chilli, liście kolendry i liście mięty. Zmiel tę mieszaninę z wodą na drobną pastę.
- Marynuj kurczaka w połowie pasty i soku z cytryny przez 1 godzinę.
- Na patelnię włóż marynowanego kurczaka i polej resztą makaronu. Na tę mieszaninę posyp resztę składników.
- Przykryj folią, szczelnie przykryj pokrywką i gotuj przez 45 minut. Podawać na gorąco.

Jhatpat Murgh

(szybki kurczak)

dla 4 osób

Składniki

4 łyżki oczyszczonego oleju roślinnego

2 duże cebule, pokrojone w cienkie plasterki

2 łyżki pasty imbirowej

Dodaj sól do smaku

1 kg kurczaka, pokrojonego na 12 kawałków

¼ łyżeczki szafranu rozpuścić w 2 łyżkach mleka

metoda

- Rozgrzej olej na patelni. Dodać cebulę i pastę imbirową. Smaż je przez 2 minuty na średnim ogniu.
- Dodaj sól i kurczaka. Gotuj na małym ogniu przez 30 minut, często mieszając. Posyp ją mieszanką szafranową. Podawać na gorąco.

zielone curry z kurczaka

dla 4 osób

Składniki

Dodaj sól do smaku

szczypta kurkumy

Sok z 1 cytryny

1 kg kurczaka, pokrojonego na 12 kawałków

Korzeń imbiru 3,5 cm

8 ząbków czosnku

100 g posiekanych liści kolendry

3 zielone papryki

4 łyżki oczyszczonego oleju roślinnego

2 duże cebule, posiekane

½ łyżki garam masali

250 ml wody

metoda

- Wymieszaj sól, kurkumę i sok z cytryny. Marynuj kurczaka w tej mieszance przez 30 minut.
- Zmiel imbir, czosnek, liście kolendry i chili na gładką pastę.
- Rozgrzej olej na patelni. Dodać makaron wraz z posiekaną cebulą i smażyć na średnim ogniu przez 2-3 minuty.
- Dodać marynowanego kurczaka, garam masala i wodę. Dokładnie wymieszaj i gotuj na małym ogniu przez 40 minut, często mieszając. Podawać na gorąco.

Murgha Bharty

(Kurczak i jajka)

dla 4 osób

Składniki

4 łyżki oczyszczonego oleju roślinnego

2 duże cebule, pokrojone w cienkie plasterki

500 g kurczaka bez kości, pokrojonego w kostkę

1 łyżka garam masali

½ łyżeczki kurkumy

Dodaj sól do smaku

3 pomidory, pokrojone w cienkie plasterki

30 g liści kolendry, posiekanych

4 jajka na twardo, przekrojone na pół

metoda

- Rozgrzej olej na patelni. Smażyć cebulę na średnim ogniu, aż uzyska złoty kolor. Dodać kurczaka, garam masala, kurkumę i sól. Piec przez 5 minut.
- Dodaj pomidory. Dobrze wymieszaj i gotuj na małym ogniu przez 30-40 minut. Udekoruj listkami kolendry i jajkiem. Podawać na gorąco.

Kurczak z Iowa

dla 4 osób

Składniki

3 łyżki oczyszczonego oleju roślinnego

1 ½ łyżeczki nasion ajovani

2 duże cebule, posiekane

1 łyżka pasty imbirowej

1 łyżeczka pasty czosnkowej

4 pomidory, posiekane

2 łyżki mielonej kolendry

1 łyżeczka chili w proszku

1 łyżeczka kurkumy

1 kg kurczaka, pokrojonego na 8 kawałków

250 ml wody

Sok z 1 cytryny

1 łyżka garam masali

Dodaj sól do smaku

metoda

- Rozgrzej olej na patelni. Dodaj nasiona ajovan. Pozwól im gotować przez 15 sekund.
- Dodaj cebulę i smaż na średnim ogniu, aż uzyskasz złoty kolor. Dodać pastę imbirową, pastę czosnkową i pomidory. Gotuj przez 3 minuty, od czasu do czasu mieszając.
- Dodaj wszystkie pozostałe składniki. Dobrze wymieszaj i przykryj pokrywką. Gotuj przez 40 minut i podawaj na gorąco.

Szpinakowy Kurczak Tikka

dla 4 osób

Składniki

1 kg kurczaka bez kości, pokrojonego na 16 kawałków

2 łyżki ghee

1 łyżeczka chat masala*

2 łyżki soku z cytryny

Na marynatę:

100 g szpinaku, posiekanego

50 g mielonych liści kolendry

1 łyżka pasty imbirowej

1 łyżeczka pasty czosnkowej

200 g jogurtu

1 ½ łyżeczki garam masala

metoda

- Wszystkie składniki na marynatę wymieszać. Marynuj kurczaka w tej mieszance przez 2 godziny.
- Posmaruj kurczaki ghee i piecz w piekarniku nagrzanym na 200°C (400°F, klasa gazu 6) przez 45 minut. Na koniec dodaj chaat masala i sok z cytryny. Podawać na gorąco.

Kurczak Yakhni

(Kurczak kaszmirowy)

dla 4 osób

Składniki

3 łyżki oczyszczonego oleju roślinnego

1 kg kurczaka, pokrojonego na 8 kawałków

400 gramów jogurtu

125 g besanu*

2 zęby

Cynamon 2,5 cm / 1 cal

6 papryk

1 łyżeczka mielonego imbiru

2 łyżki mielonego kopru włoskiego

Dodaj sól do smaku

250 ml wody

50 g posiekanych liści kolendry

metoda

- Na patelni rozgrzej połowę oleju. Dodać kawałki kurczaka i smażyć na średnim ogniu na złoty kolor. Zostaw to na boku.
- Jogurt ubić z besanem na gęstą masę. Zostaw to na boku.
- Na patelni rozgrzej pozostały olej. Dodać goździki, cynamon, ziarna pieprzu, mielony imbir, mielony koper włoski i sól. Gotuj przez 4-5 minut.
- Dodać smażonego kurczaka, wodę i pastę jogurtową. Dobrze wymieszaj i gotuj na małym ogniu przez 40 minut. Udekoruj liśćmi kolendry. Podawać na gorąco.

Kurczak chili

dla 4 osób

Składniki

3 łyżki oczyszczonego oleju roślinnego

4 zielone chilli, drobno posiekane

1 łyżka pasty imbirowej

1 łyżeczka pasty czosnkowej

3 duże cebule, pokrojone w plasterki

250 ml wody

750 g kurczaka bez kości, rozdrobnionego

2 duże zielone papryki, posiekane

2 łyżki sosu sojowego

30 g liści kolendry, posiekanych

Dodaj sól do smaku

metoda

- Rozgrzej olej na patelni. Dodać zielone chilli, pastę imbirową, pastę czosnkową i cebulę. Smażyć na średnim ogniu przez 3-4 minuty.
- Dodaj wodę i kurczaka. Gotuj na małym ogniu przez 20 minut.
- Dodaj wszystkie pozostałe składniki i gotuj przez 20 minut. Podawać na gorąco.

kurczak pieprzowy

dla 4 osób

Składniki

4 łyżki oczyszczonego oleju roślinnego

3 duże cebule, posiekane

6 ząbków drobno posiekanego czosnku

1 kg kurczaka, pokrojonego na 12 kawałków

3 łyżeczki mielonej kolendry

2 ½ łyżeczki świeżo zmielonego czarnego pieprzu

½ łyżeczki kurkumy

Dodaj sól do smaku

250 ml wody

Sok z 1 cytryny

50 g posiekanych liści kolendry

metoda

- Rozgrzej olej na patelni. Dodać cebulę i czosnek i smażyć na średnim ogniu na złoty kolor.
- Dodaj kurczaka. Gotuj przez 5 minut, często mieszając.
- Dodać mieloną kolendrę, pieprz, kurkumę i sól. Gotuj przez 3-4 minuty.

- Wlać wodę, dobrze wymieszać i przykryć pokrywką. Gotuj na małym ogniu przez 40 minut.
- Udekoruj sokiem z cytryny i liśćmi kolendry. Podawać na gorąco.

www.ingramcontent.com/pod-product-compliance
Lightning Source LLC
Chambersburg PA
CBHW071854110526
44591CB00011B/1408